D1724496

Seit den Anfängen der ‚Fachwissenschaft' Geographie vor rund 200 Jahren kämpft diese immer wieder mit der Frage, was eigentlich ihre Aufgabe sei, und hat doch bis heute nie die Neigung verloren, sich in eine Vielzahl einerseits naturwissenschaftlicher und andererseits sozial- oder kulturwissenschaftlicher Ansätze aufzulösen. Barbara Zahnen wendet diesen Umstand ins Fruchtbare und Tragfähige. Sie deckt anhand eines Schlüsseltextes von Carl Ritter auf, was in der Anfangszeit der ‚modernen wissenschaftlichen Geographie' ungedacht geblieben ist, und lässt so eine Denkbewegung entstehen, die nicht nur sowohl Natur- als auch Geisteswissenschaftliches betrifft und zudem ein Zwischenfeld zwischen den Wissenschaften, der Philosophie und den Künsten aufspannt, sondern die zugleich offenbart, was es heißt, denkend zu schreiben und schreibend zu denken – in einer Weise, die angesichts kritischer Verhältnisse der Gegenwart wieder Möglichkeitsräume öffnet.

Barbara Zahnen ist Geographin und lebt in Berlin.

TRAGWEITEN GEOGRAPHISCHEN DENKENS

PASSAGEN PHILOSOPHIE

JB-I-36

Barbara Zahnen
Tragweiten geographischen Denkens

Geographisches Institut
der Universität Kiel
ausgesonderte Dublette

Geographisches Institut
der Universität Kiel

Passagen Verlag

Deutsche Erstausgabe

Der Druck des Buches wurde von der Deutschen
Forschungsgemeinschaft und von der FAZIT-Stiftung gefördert.

Die Deutsche Nationalbibliothek verzeichnet diese Publikation
in der Deutschen Nationalbibliografie; detaillierte bibliografische
Daten sind im Internet über http://dnb.dnb.de abrufbar.

Geographisches Institut
der Universität Kiel
ausgesonderte Dublette

Inv.-Nr. 16/A 43424

Alle Rechte vorbehalten
ISBN 978-3-7092-0187-9
© 2015 by Passagen Verlag Ges. m. b. H., Wien
http://www.passagen.at
Graphisches Konzept: Ecke Bonk
Druck: Ferdinand Berger & Söhne GmbH, 3580 Horn

für T.

Inhalt

Einführung 13

Teil I
Geographische Mensch-Natur-Verhältnisse –
Geschichte und Geographie 27

Teil II
Weites Feld, Alles und Nichts 91

Anmerkungen 151
Literatur 169

Einführung

Das vorliegende Buch ist aus dem Umstand entstanden, dass die Fachwissenschaft Geographie nicht ohne Weiteres existiert. Dieser Satz mag zunächst befremdlich wirken, insbesondere auf die, die an universitären Instituten der Geographie wissenschaftlich arbeiten, lehren oder studieren und nie auf den Gedanken gekommen sind, die Existenz der Geographie auch nur annähernd in Frage zu stellen. Dennoch hat der Satz seinen guten Sinn, wie man – so hoffe ich – spätestens am Ende dieses Buches verstehen können wird. Zudem birgt er, wie das Buch im Ganzen, einen Sinn, der daran geknüpft ist, in der Geographie selbst einen guten Sinn zu sehen. Es ist also in keinster Weise zu befürchten, dieses Buch verschreibe sich von der ersten Zeile an der Auffassung, dass es Geographie nicht (mehr) gäbe oder dass Geographie nicht (mehr) existieren könne oder solle. Ganz im Gegenteil: Das Buch ist ein einziges Plädoyer *für* die Geographie, für ihre weitreichenden, hochverantwortlichen Potenziale und ihre Zukunftsfähigkeit, ja ihre Zukunfts*gestaltungs*fähigkeit.

Gleichwohl – es ist eben nicht ganz so einfach mit der Geographie. Und damit wären wir schon bei einer ersten, recht naheliegenden Lesart meines Anfangssatzes. Denn dass das Buch aus dem Umstand entstanden ist, dass die Geographie *nicht ohne Weiteres* existiert, das kann ja in der Tat erst einmal genau so gelesen werden: dass es daraus entstand, dass eine Existenz der Fachwissenschaft Geographie, vor allem aber ein Existieren als Geographin oder Geograph *nicht einfach, nicht bedenkenlos zu haben ist.*

Diese Ausgangslage des Buches war freilich anfangs nicht mehr als eine Ahnung oder ein Gefühl, das mich mehr oder minder seit der Zeit meiner Dissertation nicht mehr losgelassen hatte und von dem ich sicher nicht von vorneherein wusste, wohin es mich einmal tragen würde. Was sich jedoch über dieses ‚Ausgangsgefühl‘ rückblickend sagen lässt, ist, dass es auf drei Ebenen entstand – drei Ebenen, die sich nicht strikt voneinander trennen lassen:

Zum einen war da das, was man als eine Art ‚Begleitumstand und Spätfolge‘ meiner Dissertation bezeichnen könnte. Mein Dissertationsprojekt hatte ich noch als klimatologisch spezialisierte, empirisch forschende Physische Geographin begonnen. Beendet hatte ich es mit einer Arbeit, die einerseits eine natur-wissenschaftlich-klimatologische war, welche ich aber andererseits – ganz aus der lebendigen (Forschungs-)Situation heraus, in der ich mich damals befand – mit geisteswissenschaftlichen Reflexionen verbunden beziehungsweise um solche Reflexionen ergänzt hatte.[1] Diese vollzogen sich großenteils in Form eines freien Nachdenkens über das eigene Tun und meine eigenen Erfahrungen, erfolgten aber zusätzlich auch unter Berufung auf eine von Heidegger inspirierte, hermeneutisch-phänomenologische Wissenschaftsphilosophie,[2] in der ich damals wohl nicht nur Unterstützung oder Ermutigung, sondern auch noch eine Art von Legitimierung, eine Art theoretisches Fundament suchte. Letzteres entsprach sicherlich der ‚Fachkultur'[3], in die ich im Laufe meines Studiums hineinsozialisiert worden war. Dennoch ließ es in mir das nicht näher spezifizierbare Gefühl zurück, einen – trotz aller Schwierigkeiten und Krisen, die das Dissertationsprojekt mit sich gebracht hatte – irgendwie' immer noch zu leichten Weg gegangen zu sein (zumal mir bewusst war, dass die hermeneutisch-phänomenologische Wissenschaftsphilosophie viel mehr umfasste, als ich damals zu verstehen in der Lage war). *Zugleich* hatte sich bei mir aber auch immer mehr das Gefühl eingestellt, dass es in der Geographie eines *genuin geographischen grundlagentheoretischen* Arbeitens bedürfe, wie ich damals für mich formulierte, ohne mir über die verborgenen Potenziale dieser Formulierung bewusst zu sein (welche im vorliegenden Buch noch aufgedeckt werden sollen). Insbesondere war es mir mehr und mehr zur Frage geworden, was die Physische Geographie im Unterschied zu ihren sogenannten Nachbarwissenschaften – also anderen erdbezogenen Naturwissenschaften wie der Meteorologie, Hydrologie, Geologie et cetera – denn eigentlich ausmacht. Dass die Physische Geographie, wie es überall schien, nichts weiter sein sollte als ein Sammelsurium von Wissensbeständen und Ansätzen aus diesen anderen Wissenschaften – damit konnte und wollte ich mich einfach nicht abfinden.

Das Problem verschärfte sich für mich noch auf einer zweiten, einer ‚geographieübergreifenden' Ebene der oben umschriebenen Ausgangslage. Dies geschah in Zusammenhang mit Gesprächsrunden von Human- und Physischen Geographinnen und Geographen des deutschsprachigen Raumes, die zunächst fachpolitisch motiviert und fast ausschließlich mit pragmatischen und strategischen Argumenten geführt wurden,[4] dann aber dem Umstand zu begegnen versuchten, dass die beiden großen Lager des Fachs Geographie, nämlich die „naturwissenschaftlich ausgerichtete Physische Geographie und die kultur- oder sozialwissenschaftlich ausgerichtete Humangeographie mittlerweile kaum mehr eine gemeinsame Sprache [sprechen]"[5]. Man suchte in diesem Zusammenhang bald nach „Hintergrundtheorien"[6] oder „Ansätzen, die den integrativen Aspekt des Faches auf eine zeitgemäße Weise reformulieren [könnten]"[7]. Diskutiert wurden vor allem sozialökologische Interaktionsmodelle und System- beziehungsweise Komplexitätstheorien.[8] Danach schliefen die Gesprächsbemühungen recht schnell wieder ein. Mich irritierte die starke Fixierung auf Ansätze oder Hintergrundtheorien, die *außerhalb* der Geographie entwickelt worden waren. Es erschien mir einfach nicht überzeugend, dass die Physiogeographie und die Humangeographie ausgerechnet dadurch wieder ins Gespräch miteinander kommen sollten, dass sie sich Theorien aneigneten, die in *anderen* Disziplinen entwickelt worden waren. So verstärkte sich in mir das Bedürfnis, mich auf das, was man den eigenen Sinn, ja das Geographische, die Geographizität der Geographie nennen könnte, verstehen zu lernen.[9] Das brachte mich dazu, Tagungsthemen oder Ähnliches fortan unweigerlich daraufhin auszuloten, was ich anhand der jeweiligen Thematiken über die Geographie *als* Geographie würde lernen können (zunächst vor allem noch über die Physische Geographie als Physische Geographie).

Die dritte Ebene, auf die sich das umschriebene Ausgangsgefühl beziehen lässt, betrifft den Umstand, dass ich die Diskurse der Geographie – vor allem der Humangeographie, aber auch die oben genannten ‚geographieübergreifenden' Diskussionen – stark von etwas durchherrscht erlebte, was man sicherlich stark verkürzt vielleicht als konstruktivistische und/oder postmoderne Positionen bezeichnen darf. Gemeint sind Positionen, die zumindest implizit darauf hinauslaufen, Weltzugänge *nur noch* als eine Frage der Perspektive zu betrachten (sodass alles in eine Vielzahl von Perspektiven *zerfällt*) oder Identitäten in eine Vielzahl von Identitäten aufzulösen, und – im Gegenzug – jedem, der dabei nicht mitmacht, eine gewisse Rückständigkeit beziehungsweise einen Essentialismus zu unterstellen. Mir erschien das zu einfach, auch und gerade in Hinblick auf die Frage einer Identität oder eigenständigen Qualität der Geographie, die freilich – wohl gerade *wegen* der Dominanz solcher konstruktivistischen oder postmodernen Positionen – im ‚Fach' außer mir gar niemand mehr stellen (und kaum jemand hören oder lesen) wollte. Zu einfach erschienen mir derartige Positionen aber auch vor dem Hintergrund meiner eigenen, praktischen Forschungserfahrung als Physische Geographin. Physisch-geographische Forschung erlebte ich aus meiner eigenen, praktischen Erfahrung heraus ganz anders, ja viel anspruchsvoller als sie sich in konstruktivistischen oder postmodernen Positionen der genannten Art fassen ließen, ja als sie sich überhaupt von jemandem *fassen* ließ, der diese Forschung allenfalls aus einer Beobachterposition, nicht aber aus eigenem Erleben kannte. Auch in dieser Hinsicht war Geographie für mich also ‚nicht einfach zu *haben*'.

Aus diesem in sich vielschichtigen Ausgangsgefühl heraus entstanden nun – nach viel Kopfzerbrechen –

eine Reihe von Forschungsanträgen, durch die ich mir die Arbeit an meinen Fragen zu finanzieren hoffte (mit zunehmender Eigenständigkeit meines Denkens leider zunehmend erfolglos, bezeichnenderweise), und eine Anzahl an essayartigen Vorträgen und Aufsätzen, die mal mehr an humangeographische (oder kulturwissenschaftliche), mal mehr an physisch-geographische (oder naturwissenschaftliche) Themen anknüpften und die mehr und mehr und immer vielschichtiger genau dieses genuin geographische grundlagentheoretische Arbeiten herauszuschälen und auch zu verkörpern begannen, das ich selbst in der Geographie bisher so vermisst hatte. Rückblickend würde ich all diese Vorträge und Aufsätze als notwendige Vorarbeiten für dieses Buch bezeichnen.[10] Denn in der Tat würde ich betonen wollen, dass es *nicht* ein umfangreiches Studium von Literatur, sondern vielmehr mein ‚Existieren als Geographin' und meine in diesem Zuge gewonnenen lebendigen Erfahrungen, vor allem aber das immer freier werdende Hervorbringen der genannten Vorträge und Aufsätze war, durch das ich in die Lage kommen konnte, dieses Buch zu schreiben: Im und durch das Schreiben dieser Texte – freilich immer aus meinen eigenen Erfahrungen sowie den oben genannten Ahnungen heraus – geriet ich immer mehr *in* das Geschehen eines geographischen Denkens, aus dem dann das vorliegende Buch hervorgehen konnte.

Dass ich *in* dieses Denken geriet, dies ist, wie sich noch zeigen wird, in Hinblick auf Inhalt und Form dieses Buches zu den ‚Tragweiten geographischen Denkens' ein wesentlicher Punkt. Denn das geographische Denken, dessen Tragweiten hier zur Darstellung kommen, ist ein Denken, in dem man nicht nur im übertragenen Sinne ‚*drin*' sein muss. Es ist nämlich ein Denken, das über einen selbst hinausreicht, das in gewisser Weise ein Eigenleben führt und das sich jeglicher Plan- oder Forcierbarkeit entzieht. Zugleich bringt es sich aber, *in Inhalt und Form*, auch als *genuin geographische Grundlagentheoriebildung* zur Darstellung – wobei deren Trag*weiten,* wie sich zeigen wird, *weit* über die Grenzen des Fachs hinausragen.

Wenn sich denn überhaupt noch sinnvoll von ‚Grenzen des *Fachs*' sprechen lässt. Denn an dieser Stelle lässt sich noch eine zweite Lesart meines Eingangssatzes andeuten, für die das vorliegende Buch auch steht. Denn die eingangs schon erwähnte zukunftsfähige und zukunftsgestaltende Geographie, die in diesem Buch zur Darstellung kommt, ist, *obschon* ihr eine ihr *eigene* Identität innewohnt, durch die sie sich von anderen Wissenschaften unterscheiden kann, im Grunde keine *Fach*wissenschaft – verstanden im Sinne einer *Einzel*wissenschaft, die ein bestimmtes *Gebiet*, einen bestimmten *Teilbereich* der Wissenschaftslandschaft abdeckt. Ja mehr noch: Sie ist nicht einmal mehr ‚nur' Wissenschaft, sie ist *weiter* als (eine sich in den Grenzen ‚reiner' Wissenschaft bewegende) Wissenschaft, sie bewegt sich vielmehr in einem eigentümlichen Zwischenfeld zwischen Wissenschaft, Philosophie und den Künsten – dies aber auf ganz eigene Weise und aus dem (empirischen) Feld heraus, in dem sich die Geographie seit eh und je bewegt. Auch vor diesem Sinnhorizont kann der Satz gelesen werden, dass das vorliegende Buch aus dem Umstand entstanden ist, dass die Fachwissenschaft Geographie nicht ohne *Weiteres* existiert. Alles *Weitere* (dazu) wird in diesem Buch erfahrbar werden, wenn man sich auf seine Gedankenbewegung *als sich* hervorbringende Gedankenbewegung einlässt.

Zu den Eigenheiten dieser sich selbst hervorbringenden geographischen Gedankenbewegung gehört es, dass sie nicht eines nach dem anderen abhandelt, sondern eher immer wieder neu zu sich selbst zurückfindet und zugleich aus sich heraus immer vielschichtiger und weitreichender wird – in Form einer ständig zunehmenden Aufspannung und zugleich Ballung von Tragweiten. Deswegen habe ich den einzelnen Kapiteln des Buches, die nach dieser Einführung folgen, zwar eine Nummerierung, bewusst aber keine Überschriften gegeben. Diese würden ein Raster über den Text legen, welches dem Wesen des Textes, seinen Inhalten und seiner Form widerspricht. Ich habe allein eine mit eigenen Titeln gekennzeichnete Unterscheidung zwischen einem ersten Teil und einem zweiten Teil des Buches eingeführt, wobei aber beide Teile wiederum als miteinander zusammenhängend betrachtet werden müssen (weswegen ich die Kapitelnummerierungen über den ersten Teil hinweg auch fortlaufen lasse). Die Titel dieser beiden Teile – zum einen „Geographische Mensch-Natur-Verhältnisse – Geschichte und Geographie", zum anderen „Weites Feld, Alles und Nichts" – mögen bereits einen Eindruck von den Tragweiten vermitteln, die dieses Buch in sich birgt.

Was die sogenannte ‚Anschlussfähigkeit‘ des Buches betrifft, die ja immer so schnell eingefordert wird, so muss man sich daher eigentlich keine Sorgen machen – wobei ich das Wort ‚eigentlich‘ nicht ohne Grund eingefügt habe (es wird im Buch selbst noch eine Rolle spielen). In Hinblick auf die Geographie sind die „Tragweiten geographischen Denkens" *eigent-*

lich an die gesamte Tradition der ‚wissenschaftlichen Geographie' anschlussfähig, *in kritisch erschließender Weise*, ebenso wie das Buch in kritisch erschließender Weise Anknüpfungspunkte an verschiedenste ‚Bereiche' der derzeitigen wissenschaftlichen Geographie aufzeigt – so, dass sich eben auch die Physiographie, die Kulturgeographie, die Sozialgeographie et cetera neu denken lassen. Manch einer mag im vorliegenden Text zudem Berührungspunkte mit Werken von Denkern der abendländischen Geistesgeschichte sehen (ohne dass ich mich mit diesen vergleichen wollte), die sich auf ihre Weise auf das Wagnis eines genuinen Denkens eingelassen haben und uns genau deswegen immer wieder neu zu inspirieren vermögen. Darin liegt eben auch eine zentrale Botschaft des vorliegenden Buches: dass sich auch *aus der lebendigen geographischen Erfahrung heraus* in ein Denken hineinfinden lässt, das bleibenden Wertes ist – egal in welchem Kontext man sich befindet.

In diesem Zusammenhang möchte ich auf Heideggers berühmtes Diktum zu sprechen kommen, dass die Wissenschaft nicht denke.[11] Heidegger bezog sich dabei auf ein Denken, das, anders als das (sogenannte) Denken, das in den modernen Wissenschaften *vorherrscht*, kein repräsentationalistisches, kein berechnendes oder um Systematisierung bemühtes, kein die Subjekt-Objekt-Spaltung zementierendes Denken ist, sondern ein Denken, das wir nur vermögen, „wenn wir das mögen, was in sich das zu-Bedenkende ist"[12]. Dieses Denken stellt sich bei Heidegger als ein die Seinsvergessenheit aufdeckendes seinsgeschichtliches Denken dar, das eine Verwindung der modernen Metaphysik bedeutet und das wir gerade deswegen benötigen, weil der „Weltzustand fortgesetzt bedenklicher wird"[13]. Das vorliegende Buch wird zeigen, dass es ein angesichts bedenklicher Verhältnisse notwendiges, die moderne Metaphysik verwindendes Denken auch aus den Wissenschaften heraus geben kann – und dies *ohne* dass dazu auf die Seinsgeschichte Bezug genommen werden müsste. Es bestätigt somit auch die Arbeiten von Dimitri Ginev, der im Kontext einer hermeneutisch-phänomenologischen beziehungsweise hermeneutisch-ontologischen Wissenschaftsphilosophie (in einer entsprechenden, auf die ontologische Differenz Bezug nehmenden Terminologie) und in kritischer Auseinandersetzung mit Heideggers Zugang zu den neuzeitlichen Wissenschaften prinzipiell die Möglichkeit aufgezeigt hat, dass die Wissenschaften – und zwar selbst die Naturwissenschaften – sich *aus sich heraus* auf ein die moderne Metaphysik verwindendes Denken verstehen lernen können, indem sie sich darauf besinnen, wie sie sich selbst praktisch vollziehen.[14] Überhaupt bin ich heute – nachdem ich mich über Jahre gar nicht mehr mit hermeneutisch-phänomenologischer Wissenschaftsphilosophie beschäftigt, sondern ganz und gar der Geographie zugewandt hatte – in der Lage, viele Parallelen zwischen einem geographischen Denken und dem Denken einer solchen Wissenschaftsphilosophie zu sehen. Im Grunde verfolgen beide das gleiche Projekt, zumal beide sowohl die Naturwissenschaften als auch die Geistes-, Kultur- oder Sozialwissenschaften nicht unberührt lassen.[15] Und zumal die innere Logik des Programms einer hermeneutisch-phänomenologischen beziehungsweise hermeneutisch-ontologischen Wissenschaftsphilosophie ohnehin darauf hinausläuft, das Fundament der ontologischen Differenz, auf dem es zunächst aufbaut, schrittweise zu überwinden.[16] Dennoch sind drei spezifische Besonderheiten des in diesem Buch zur Darstellung kommenden geographischen Denkens hervorzuheben:

Zum einen, dass seine Notwendigkeit sich aus der Geographie als einer ‚Fachwissenschaft‘ heraus ergeben hat – auch wenn diese dadurch verstehen lernt, dass sie nicht nur Fachwissenschaft ist.

Zum anderen, dass es sehr starke Bezüge zu alltagsweltlichen Zusammenhängen aufweist. Die genuin geographische *Grundlagentheoriebildung*, die durch das geographische Denken vollzogen wird, ist daher – anders, als spontan angenommen werden könnte – auch nicht die eines wissenschaftlichen Elfenbeinturms. Sie stellt sich im Zuge dieses Buches vielmehr als eine Grundlagenbildung dar, die im Grunde alle Bewohner dieser Erde, als Irdische, angeht.

Und schließlich, dass es sich anhand von Materialien der (Tradition der) Geographie vollzieht und sich daher in einer *und* durch eine Sprache bewegt, in der Geographen[17] immer schon sind und zu der aufgrund der starken Alltagsnähe der Geographie auch Nicht-Geographen einen ganz lebendigen Zugang haben oder finden können.

Auf den letztgenannten Punkt möchte ich noch etwas näher eingehen. Denn dass *sich* geographisches Denken in und durch seine Sprache bewegt – dies bedeutet auch, dass sich die Geo*graphie* des vorliegenden Buches gewissermaßen selbst schreibt. Die Geographie (und geographische Sprache), mit der im Buch begonnen wird, wird aber ‚trotzdem‘, eigentlich sogar *gerade deswegen* nicht dieselbe Geographie (und geographische Sprache) bleiben. Es vollzieht sich im Zuge dieses

Buches also gewissermaßen ein Sprung, der aber geradezu schleichend daherkommt und immer weitere sich unmerklich anbahnende ‚Sprünge' nach sich zieht. Daher kommt in diesem Buch, so sehr es sich um eine geographieübergreifende Grundlagentheoriebildung handelt, auch ganz von selbst etwas zum Tragen, was der Heidegger-inspirierte Literaturtheoretiker Timothy Clark als *„poetics of singularity"* beschreibt (die einen ganz anderen Zugang zu literarischen Werken erforderlich machen, als es in den derzeitigen *literary studies* und *cultural studies* die herrschende Tendenz ist).[18] Zugleich kann das, was in diesem Buch geschieht, auch als eine – allerdings ganz aus dem geographischen Leben heraus entstandene – *Praxis der Kritik* verstanden werden, wie sie von dem ebenfalls Heidegger-inspirierten (politischen) Philosophen Nikolas Kompridis angesichts der Krisen der Gegenwart und als Resultat seiner kritischen Auseinandersetzung mit der Kritischen Theorie eingefordert wird.[19] Und so sehr mich diese Parallelen haben ganz und gar baff sein lassen, als ich durch Zufall auf sie gestoßen bin (und kein Wort passt hier besser als dieses ‚baff'), so sehr bin ich mir sicher, dass sich hier noch eine Vielzahl von Parallelen zu den Bemühungen anderer gegenwärtiger Denker anführen ließe (die vermutlich mittelbar oder unmittelbar von Heidegger inspiriert wurden).[20] Geographisches Denken spielt eben in alles Mögliche hinein, wie man im Deutschen so schön sagt.

Gleichwohl – trotz aller genannten und möglicherweise auch sonst noch auffindbaren Parallelen – es bleibt dabei: Geographie existiert nicht ohne Weiteres, und sie ist nicht einfach zu *haben*. Es wird daher, damit es durch dieses Buch zu einem wahren Gewinn kommen kann, darauf ankommen, dem in ihm Geschriebenen im Lesen seine genuine Geographizität zu lassen.

Teil I

Geographische Mensch-Natur-Verhältnisse – Geschichte und Geographie

1

Es ist spätestens seit den Arbeiten von Ulrich Eisel und Gerhard Hard bekannt, dass das universitäre Fach Geographie, wie es sich im deutschsprachigen Raum herausgebildet hat, seit seinen Anfängen vor rund zweihundert Jahren immer wieder um eine Thematik kreist(e), die man verkürzt unter das Schlagwort ‚Mensch-Natur-Verhältnisse' oder ‚Mensch-Natur-Beziehungen' fassen könnte (auch wenn sicherlich manchmal statt von Mensch auch von Kultur oder von Gesellschaft und statt von Natur auch von Erde, Erdnatur oder Umwelt die Rede war beziehungsweise ist).[1] Nicht umsonst bezeichnet Gerhard Hard die Mensch-Natur-Problematik als „ältesten und hartnäckigsten Theoriekern"[2] des Fachs – oder auch als eine Art „Superparadigma"[3], das die geographischen Forschungsprogramme des 19. und 20. Jahrhunderts bestimmt hat. Und eben nicht zufällig wird das sogenannte *‚integrative'* Gegenstandsfeld der Mensch-Natur-Verhältnisse auch heute noch immer dann besonders gerne ins Spiel gebracht, wenn es – meist im Zuge einer (Fach-)Öffentlichkeitsarbeit – die besondere Stärke oder einen geographiespezifischen Aufgabenbereich und somit auch die Legitimität des Fachs herauszustellen gilt.[4]

Freilich wird dabei in einem ganz bestimmten Sinne von Mensch-Natur-Verhältnissen gesprochen. Gemeint sind beispielsweise in der Regel nicht Mensch-Natur-Verhältnisse, wie sie sich in einem naturwissenschaftlichen Labor ereignen. Gedacht wird vielmehr an konkrete, außerwissenschaftliche Zusammenhänge eines (erdräumlich verorteten) alltäglichen Lebens, in denen die Naturerscheinungen der Erde irgendwie eine Rolle spielen oder spielen sollen. Die Frage der Auswirkung des Meeresspiegelanstiegs auf die Bevölkerung bestimmter Räume wäre zum Beispiel ein typisches Thema. Daher wird im Zuge der im- oder expliziten Identitätsbekundungen und vor allem der Legitimitätsbegründungen des Fachs häufig auch auf ‚drängende‘ Problemfelder der heutigen, vor allem aber der uns bevorstehenden Welt verwiesen, auf durch einen „beschleunigten globalen Wandel"[5] hervorgerufene Problemfelder, in denen sich naturwissenschaftlich anzugehende sowie sozial- oder kulturwissenschaftlich anzugehende Aspekte miteinander verschränkten (wie zum Beispiel in den Diskussionen über den *Climate Change* oder zur Nachhaltigkeit), so dass sie aufgrund dieser Verschränkung unweigerlich in den deklarierten Kompetenzbereich der Geographie zu fallen scheinen. „Wird die Geographie vor dem Hintergrund der Nachhaltigkeitsdiskussion eine der Leitwissenschaften des 21. Jahrhunderts?" wird dann zum Beispiel gefragt,[6] oder auch behauptet (hier sicherlich im fachpolitischen Kontext): „Geographie ist eine der bedeutendsten Zukunftswissenschaften"[7].

Nun gibt es manchen Grund, an der Begründetheit solcher An- und Aussichten zu zweifeln. Doch auch wenn ein Großteil derjenigen, die der Disziplin Geographie heute nominell zugehören, sich gar nicht mehr mit Mensch-Natur-Verhältnissen beschäftigt, sondern sich *entweder* humangeographisch (und somit sozial- oder kulturwissenschaftlich) *oder* physisch-geographisch (und somit naturwissenschaftlich) spezialisiert hat; auch wenn die angesprochenen Problemfelder häufig an interdisziplinären Zentren erforscht werden, an denen meist kaum Geographen (wenn überhaupt), sondern überwiegend (wenn nicht ausschließlich) spezialisiertere Fachwissenschaftler arbeiten; und auch wenn Uneinigkeit darüber besteht, ob die Geographie *selbst* überhaupt (noch) ein adäquates ‚theoretisches Rüstzeug' besitzt, anhand dessen sie die genannten Problemfelder angehen will oder kann, oder ob dieses Rüstzeug nicht eher außerhalb der Geographie zu finden ist[8]: Es könnte ja trotz all solcher Anlässe zum Zweifel etwas dran sein an der Vorstellung, dass aufgrund des Umstandes, dass die Geographie schon seit eh und je um Mensch-Natur-Verhältnisse kreist, heute gewissermaßen ihre Stunde gekommen ist (eine Stunde, die sie zu einer ‚Leitwissenschaft' werden lässt), und in der Tat möchte ich genau dies behaupten. Es gehört zu den Zielen des vorliegenden Buches, diese Behauptung zu begründen – oder besser gesagt: das postulierte Potenzial der Geographie zu entfalten.

Dies geschieht allerdings auf eine Weise, die insofern überraschen könnte, als sie mit dem in dieser Hinsicht gängigen Argumentationsmuster gerade bricht. Denn die ‚Stunde der Geographie' – und zugleich ihre Möglichkeit, eine Leitwissenschaft zu werden – ist in meinen Augen nicht etwa deswegen gekommen, weil (wie gemeinhin angeführt wird) ein dringender Bedarf an Forschungsprojekten besteht oder bestehen wird, die naturwissenschaftliche Zugangsweisen einerseits und sozial- oder kulturwissenschaftliche Zugangsweisen andererseits kombinieren. Vielmehr erscheint mir die Stunde der Geographie deswegen gekommen, weil – eben auch und vor allem in der Geographie selbst – die Zeit dafür reif, das heißt die Möglichkeit *und* Notwendigkeit gegeben ist, zweierlei zu tun: zum einen Mensch-Natur-Verhältnisse (und das Verhältnis der Geographie zu Mensch-Natur-Verhältnissen) wieder neu zu denken, und zum anderen und zugleich das, was das ‚historische Element' der Geographie ist, zu revidieren.

Letzteres sage ich nicht nur, um darauf zu verweisen, dass im Verlaufe meines Aufsatzes Fragen der Geschichtlichkeit eine wesentliche Rolle spielen werden. Indem ich von einem ‚historischen Element', das zu revidieren sei, spreche, spiele ich auch auf einen Text „des ersten Universitätsgeographen von disziplingeschichtlichem Gewicht"[9] an, nämlich auf Carl Ritters berühmte Abhandlung „Über das historische Element in der geographischen Wissenschaft"[10], die auf einen 1833 gehaltenen Vortrag in der *Königlichen Akademie der Wissenschaften zu Berlin* zurückgeht. Ich werde auf diesen Text immer wieder als Material zur weiteren Entfaltung meines Gedankenganges zurückgreifen, weil in ihm ebenfalls Fragen des Mensch-Natur-Verhältnisses und Fragen des Geschichtlichen (beziehungsweise ‚Historischen') miteinander verknüpft sind. Zudem ist der Rückgriff auf Carl Ritter auch insofern von nicht unwesentlicher Bedeutung für mein Vorhaben, als man die *Entstehung* des Kernparadigmas der sogenannten ‚klassischen' oder ‚traditionellen' wissenschaftlichen Geographie des 19. und 20. Jahrhunderts, zumindest des deutschsprachigen Raums, mit Ritter verbindet (auch wenn diese ‚Entstehung' auf eine Auseinandersetzung Ritters mit der Philosophie Herders zurückzuführen ist sowie durch vorherige Reisebeschreibungspraktiken bereits vorbereitet gewesen war)[11]. Somit wird im vorliegenden Buch, so sehr es auch um Fragen der Zukunft geht (und, wie sich zeigen wird, *gerade weil* es um Fragen der Zukunft geht), auch an den Anfängen der wissenschaftlichen Geographie gerührt, allerdings *nicht* im Sinne einer fachhistorischen Betrachtung oder Beschreibung derselben, sondern *auf – und* in Hinblick auf – *eine genuin geographische Weise*. Denn was ‚genuin geographisch' besagt, das zu entfalten gehört mit zu den Zielen des vorliegenden Buches.[12]

2

Ritters Abhandlung „Über das historische Element in der geographischen Wissenschaft" lässt sich insgesamt als Versuch lesen, das zu beschreiben, was „nun eigentlich die Aufgabe" (157)[13], ja das „eigentliche Wesen" (154) der Geographie sei. Der Text wird auf den ersten Seiten geradezu getragen von der von Ritter empfundenen Not(wendigkeit), endlich eine Geographie ins Leben zu rufen, die anders als das, was in Ritters Umfeld damals sonst als ‚Geographie' vorgeschlagen wurde, einer solchen eigentlichen Aufgabe nachkommen und daher „ernste Wissenschaft" (154), eine „wirkliche Lehre" (153) oder „ächte [echte] Lehre" (156) sein könne – eine Lehre nämlich, die sich aus sich selbst heraus zu entfalten vermag und aus der

daher, auch über die Grenzen des Fachs hinaus, ein
„wahrer Gewinn [...] hervorgehen kann" (ebd.):

Denn um diejenige Wissenschaft sieht es schlimm aus, welche erst
des Reizes der Uebertragung oder der Nutzanwendung aus andern
Wissenschaften bedarf; sie wird, wenn sie des eignen Keimes der
Entfaltung ermangelt, auch andere Wissenschaften, oder das Leben
selbst, nie befruchten oder berühren, und die todtgeborne wird
auch leblos bleiben, und durch keinen täuschenden Anstrich lebendig machen. Sie wird dann keinesweges als Disciplin zur humanen
Ausbildung des menschlichen Geistes gehören und würde auch
keine eigene Stelle in der Reihe der bildenden Schulwissenschaften
verdienen. (156)

Die in Ritters Augen notwendige und eine eigene Stelle
verdienende Geographie ist nun eine, für die seiner An-
sicht nach auch das bereits im Titel seiner Abhandlung
erwähnte ,historische Element' notwendig ist. Und dadurch kommt das ins Spiel, was heute gemeinhin als
Mensch-Natur-Beziehungen (oder Mensch-Natur-Verhältnisse) bezeichnet wird. Denn das ,historische Element' – oder, wie Ritter synonym sagt: das „Element
der Geschichte" (162) – hat bei Ritter eine Mischbe-
deutung. Einerseits nimmt er damit Bezug auf zeitliche
Veränderlichkeiten, auf „irdisch erfüllte Zeitverhältnisse" (153), für die gemeinhin die „historischen Wissenschaften" (152) beziehungsweise „die Historie"
(153) zuständig seien – im Unterschied zu der geographischen Wissenschaft, die es als Wissenschaft der
„irdischerfüllten Raumverhältnisse" (153) „vorzugs-
weise mit den Räumen der Erdoberfläche zu thun"
habe (152). Andererseits und zugleich nimmt Ritter mit
seiner Rede vom ,historischen Element' aber auch
Bezug auf eine Welt des „Menschengeschlecht[s]"
(158) oder der Kultur, welche Ritter einer Sphäre der

„Naturkräfte und [...] Naturreiche" (157), der „zahllosen Naturproduktionen" (157), der „Erdnatur" (173), der „tellurische[n] Physik" (173) oder auch der „physischen" oder „physisch-cosmischen Entwicklung" (158) gegenüberstellt. Ritter nimmt so zwar begriffliche Trennungen zwischen Geographie und Geschichte beziehungsweise zwischen der Sphäre der Natur und der des Menschen – genauer: des „Menschengeschlecht[s] in seinen Individuen wie in seinen Völkerschaften" (ebd.) – vor. Er erwähnt auch, dass diese Sphären sich unterschiedlich entwickeln, nämlich einerseits ihrer „eignen physisch-cosmischen Entwicklung" (ebd.) und andererseits ihrem „eignen Entwicklungsgange nach ethischen Gesetzen" (ebd.) folgen. Aber er betont in Hinblick auf eine „*wirkliche* Lehre" (153, Hervorhebung B.Z.) der Geographie ebenso wie in Hinblick auf ein „*wirkliches* Dasein der Dinge" (ebd., Hervorhebung B.Z.) eine Untrennbarkeit von Geographie und Geschichte,[14] und sein ganzer Text stellt ein einziges Plädoyer dafür dar, das Historische nicht nur nicht aus der geographischen Wissenschaft zu verweisen – wie in den damaligen Versuchen einer „blos physikalischen[n] oder sogenannten[n] natürliche[n] Geographie" (154) – sondern es in die Geographie als ein „*integrirendes* Element mit aufzunehmen" (180, Hervorhebung B.Z.). Das Historische solle den Arbeiten der Geographie daher auch nicht „eingepfropft"[15], „blos zufällig [beigemischt]" (181) oder in Form „historische[r] Anekdoten" (155 und 159) nur *angehängt* werden. Vielmehr will Ritter dem Umstand Rechnung tragen, dass sich in das weite Feld des Gebietes der Geographie, „das alle Formen des Erdballs umläuft, dessen weite Oberflächen im tellurischen Zusammenhange des Erdringes" (156f.), „auch noch die ganze Folge der Zeiten" *verschlinge* (157). Oder, in einer anderen Formulierung: dass das historische Element (in seiner doppelten Bedeutung) anders als die „blos zufällige historische Beimischung [...] nicht müßig, sondern gestaltend, überall als *mit*bedingender Grund der Erscheinungen auf[trete]" (181, Hervorhebung B.Z.). Denn „so lange es auf Erden wandelt" (158), sagt Ritter, sei das Menschengeschlecht „in den bedingenden Conflict mit der fortschreitenden physischen Entwicklung seines Wohnortes, der Erde, als Planet, gestellt" (ebd.), „in der Folge der Zeit immer anders" (ebd.). Und dass sich die „Natur des Planeten" (161) Erde immer wieder anders „mit in den Gang der Menschengeschichte verwebt" (164), daraus ergibt sich in den Augen Ritters das eigentliche Aufgabenfeld der Geographie, durch das sie, statt sich in die Gebiete anderer Wissenschaften zu verlieren, bei sich selbst bleiben könne:

Ihr Feld, das anfänglich in alle Gebiete des menschlichen Wissens einzugreifen scheint, und dann bei dem Verkennen des Wesens ihrer Aufgabe allerdings statt in die Tiefe, nur in die Breite und Fläche übergeht und durch Ueberwucherung sich selbst das Erzeugniß der edelsten Frucht raubt, dieses ihr eigenthümliche Feld wäre demnach, solcher Betrachtung gemäß, genau genug abgesteckt, um den, der es anbaut, vor jedem nachtheiligen Abirren in die Nachbargebiete zu hüten, die Verwirrung und Verflachung des Wissens dadurch zu mindern, Kraft und Zeit zur Verwendung für die Arbeit auf den Kern, statt des Spiels mit der Schaale zu sparen. (158)

Betrachtet man die Mensch-Natur-Thematik nun näher, so ist zu sagen, dass Ritter einerseits von den „bedingenden Einflüssen" (165) der Naturverhältnisse auf die Menschen spricht.[16] Aber er sagt – andererseits – auch: „Die civilisirte Menschheit entwindet sich nach und nach, eben so wie der einzelne Mensch, den unmittelbar bedingenden Fesseln der Natur und ihres Wohnortes" (165). Und je mehr Ritter die Wirksamkeit und Notwendigkeit dessen herauszustellen sucht, was er das historische Element nennt, desto mehr rückt dieser zweite Aspekt in den Vordergrund. „Die größten Veränderungen, bedeutender als solche auch noch so großartige, wie durch Vulkane, Erdbeben oder Fluthen, oder andere zerstörende Naturerscheinungen, die momentan jede Aufmerksamkeit aufregen" (161) hätten sich, so Ritter, durch den Menschen zugetragen. Dieser habe den Planeten „zu einem anderen gemacht, als er früher war" (161): Unter anderem dadurch, dass der Mensch, „mit A. v. Humboldts Ausdruck zu reden, neue Organe sich schafft, [...] durch Messinstrumente [...] und andere Erfindungen des menschlichen Geistes, [durch welche sich] der Gesichts- und überhaupt der Gefühlskreis des Menschen wirklich erweiterte" (159f.). Aber auch dadurch, dass die „Formen und Gestalten [...] auf der Erde [...] umgeändert, umgangen, überstiegen, durchbrochen [wurden], (wie z. B. [...] durch Kunststraßen, Kanalführungen)" (164), oder dass „Materien [...] in ihrer Brauchbarkeit erkannt, benutzt, umgewandelt [wurden, sich] verminderten oder [an]häuften [...] (Schutt, Humus, Torflager)" (ebd.), oder auch dadurch, dass „viele Organismen verschwanden" (ebd.) oder „an Zahl doch gemindert [wurden], oder aus den einen Räumen in andere zurückgedrängt" (ebd.). Vor allem aber auch durch das, was Ritter im Unterschied zu einer „blos physischen" (161) Bewegung (etwa des Wassers oder des

Windes) „beseelte Bewegung" (ebd.) nennt – womit er
die Verkehrsbewegungen meint, in denen der Mensch
die bloß physischen Bewegungen „beherrscht und sie
zum *Träger seiner Bestrebungen* macht, wie durch das
Seegel, oder die Aerostatik, oder die Pferdekraft, oder
die Schnelligkeit des Rennthiers und des Dromedars,
oder durch das Dampfschiff u.a.m." (161, Hervorhebung B.Z.). Auf eine derartige sogenannte „beseelte
Bewegung der flüssigen Formen der Elemente" (163) –
vor allem die der Schifffahrt, dem „Verknüpfungs-
mittel aller Kulturvölker" (168) – hebt Ritter in seiner
Abhandlung in ganz besonderem Maße ab, weil er
durch diese den Einfluss des ‚historischen Elementes'
auf das zu beschreiben sucht, was er die „Gesammter-
scheinung des Erdballs" (163) oder auch die „Gesammtverhältnisse der tellurischen Seite der Erde"
(162) nennt – zu denen er auch „das Gesammtleben
der Völker" (173) zählt. „Was früher nicht vorhanden
schien, tritt hierdurch im Dasein hervor; was früherhin
fern lag und unerreichbar, tritt nun näher in die Berührung, ja in den Bereich des täglichen Verkehrs" (160),
sagt Ritter in diesem Zusammenhang beispielweise.
Oder auch: „So gingen überall Wechsel der horizonta-
len Oberflächen vor sich, durch welche nicht nur ihre
eigenen Räume sich umwandelten, sondern auch ihre
Nachbarräume veränderte Weltstellungen erhalten
mußten, in Beziehung auf Hemmung oder Contact und
jede Art raumerfüllender Bewegung, hinauf bis zum gesteigertesten Völker- und Handelsverkehr" (166). Und:
„Der Fortschritt der ozeanischen Schifffahrt hat sogar
die ganze Stellung der Erdtheile, der Continente und
aller Inseln gegen die frühere Zeit zu einer andern
wirklich gemacht" (168).

In Ritters Auseinandersetzung mit dem ‚historischen Element' ist die in der Geographie im Fokus stehende ‚Natur' – im Unterschied zur ‚Natur' des „Naturforschers, des Physikers" (176) – somit vor allem eine ‚Natur', die vom Menschen mit zunehmendem Fortschritt immer mehr ‚benutzt' und verändert wird. Zugleich ist sie immer ‚Natur' bestimmter „Planeten*stellen*" (174, Hervorhebung B.Z.) der Erde, die konkrete kulturelle Entwicklungen oder Praktiken erlaubt oder eben (noch) nicht erlaubt und deren *Stellen*wert sich – je nach „vor- oder rückwärtsschreitende[r]" (165) Entwicklung der Kulturen – ändert. Wie zum Beispiel im Falle der Ozeane, die in Hinblick auf Verkehrsbewegungen erst „Hemmungen auf dem Planetenringe" (168) waren, dann aber Träger der Schifffahrt werden konnten. Deren Stellenwert veränderte sich auch in demjenigen (buchstäblichen) Sinne, dass sich auch ihre „Weltstellungen" (165) veränderten, ihre *Stellung* in der Welt innerhalb eines „Gesammtkreis[es]" (162) oder „tellurischen Erdrings" (174), dessen Ausbildung, so sagt Ritter damals, „ihre Endschaft, ihre Vollendung noch keineswegs erreicht [hat]; es stehen ihr […], man braucht nur an eine nicht unmögliche Durchbrechung der Landenge Suez […] zu denken, […] vielleicht noch größere Umgestaltungen bevor" (174).

3

Ritter sieht das Gegenstandsfeld der Geographie somit in Veränderungen, die, wie er sagt, sich „unter den Augen der Geschichte, aber in ihrem Zusammenhange auf die Natur des Planeten" (161) zutragen. Mit Gerhard Hard könnte man daher sagen, dass Ritter, wie die sogenannte ‚klassische' oder ‚traditionelle' wissenschaftliche Geographie überhaupt (und anders als die Naturwissenschaften seit dem 17. Jahrhundert), auf einen *Begriff von Natur* angewiesen war, um das geographische ‚Kernparadigma' formulieren zu können.[17] Anders hätte Ritter die Geographie nicht von der Geschichte beziehungsweise den ‚historischen Wissenschaften' – und somit den heutigen Geistes- oder Kulturwissenschaften – abgrenzen können. Gleichwohl ist ‚Natur' im Rahmen des bei Ritter seinen Anfang nehmenden geographischen Kernparadigmas eine unter kulturellen Aspekten betrachtete ‚Natur', eine Natur, die nicht *als* Natur, sondern in ihrer benennbaren Bedeutung für den Menschen interessiert oder zumindest immer in einem Zusammenhang mit konkreten, alltagsweltbezogenen kulturellen Fragen diskutiert wird (anders als zum Beispiel die mathematische Natur der Astrophysiker). Und das gilt ja bis heute für allerlei Themenstellungen, für die sich Geographen gerne zuständig fühlen und durch die konkreten ‚Natur'erscheinungen von vornherein bestimmte kulturelle Bedeutungen oder Bedeutungszusammenhänge zugeschrieben werden: sei es, indem diese ‚Natur'erscheinungen (implizit oder explizit) als durch bestimmte menschliche Aktivitäten bedrohte und daher zu schützende Naturerscheinungen behandelt werden (wie in den vielen geographischen Arbeiten zum Naturschutz), oder als bedrohliche Naturerscheinungen (wie in den zahlreichen Arbeiten zu ‚Naturgefahren'), als wohlgefällige oder zur Erholung beitragende Naturerscheinungen (geographische Tourismusforschung), als profi-

table Naturerscheinungen (als Rohstoff – Wirtschaftsgeographie), oder Ähnliches.

Aber wenn derart die ‚Natur' ist, die die Geographie
im Sinn hat, wenn sie von ‚Natur' oder ‚Mensch-
Natur-Beziehungen' spricht, ist es dann eigentlich
noch sinnvoll von ‚Natur' oder ‚Mensch-Natur-Beziehungen' zu sprechen? Oder anders gefragt: Hat es
dann noch einen *genuinen* Sinn, von ‚Natur' beziehungsweise ‚Mensch-Natur-Beziehungen' zu sprechen? Ist die scheinbare Natur hier nicht vielmehr
doch nur Kultur? In der Tat liegt es nahe, hier all jene
derzeit üblichen (und gerade unter Sozial- oder Kultur-
wissenschaftlern und somit auch Humangeographen
beliebten) Argumentationsmuster anzuführen, die explizit *oder* implizit eine Art ‚Ende der Natur' propa-
gieren: sei es (1) mit der Begründung, dass der
Mensch so stark in die Natur (als einer vom Menschen
unbeeinflussten Sphäre) eingegriffen und diese mittlerweile so stark umgestaltet hat, dass alle Natur unwie-
derbringlich Kultur geworden sei, oder (2a) mit der
Begründung, dass ‚Natur' nichts als eine kulturelle
Erfindung beziehungsweise (2b) zumindest etwas sei,
über das wir gar nichts wissen und daher auch gar
nicht sinnvoll sprechen können, weil jegliches Wissen
über die Natur ganz und gar geltungsrelativ zu einem
bestimmten kulturellen Kontext sei – so, dass wir
dann, wenn wir über Natur zu sprechen (oder diese zu
erfahren) vermeinten, letztlich eben doch nur über
Kultur sprechen (oder Kultur erfahren) würden.[18] So
selbstverständlich man in der Geographie bis heute
von Mensch-Natur-Verhältnissen als einer Kernthema-
tik des Fachs sprechen mag – derartige kulturalistische
Argumente scheinen der Möglichkeit der Bezugnahme

auf einen solchen ‚Kern‘ der Geographie endgültig den Todesstoß zu versetzen. Die Rede von Mensch-Natur-Verhältnissen wird in einer kulturalistischen Perspektive – wie sie heute in der Humangeographie vorherrscht – streng genommen sinnlos.

Aber die Rede von Mensch-Natur-Verhältnissen wird natürlich genauso sinnlos, wenn man sich – wie es Physische Geographen häufig tun – statt einer kulturalistischen einer naturalistischen Sicht der Dinge verschreibt. Man denke zum Beispiel an die Vielzahl von Forschungsprojekten naturalistischen beziehungsweise objektivistischen Stiles, die zwar *meinen*, sich mit Mensch-Natur-Verhältnissen zu beschäftigen (wie zum Beispiel all jene Projekte aus einer Erdsystemforschung, die den Einfluss bestimmter menschlicher Aktivitäten auf bestimmte Ökosysteme, das globale Klima oder Ähnliches zu erfassen oder zu modellieren suchen). Jedoch macht es auch hier keinen rechten Sinn mehr, von Mensch-Natur-Verhältnissen zu sprechen, weil der ‚Mensch‘ in derartigen Ansätzen auf einen in Berechnungen einbeziehbaren *Faktor* reduziert wird. Der Mensch ist aber kein Faktor.[19] Vielmehr zeichnet es den Menschen gerade aus, dass er ein die Dinge und sich selbst interpretierendes Wesen ist, welches sich zu sich selbst ins Verhältnis setzen und sich immer wieder neue Möglichkeiten erschließen kann. Deswegen gibt sich zum Beispiel eine sozial- oder kulturwissenschaftliche (oder auch psychologische) Naturrisikoforschung auch nicht damit zufrieden, auf objektivistische Weise Wahrscheinlichkeiten einer Gefährdung auszurechnen, sondern beansprucht vielmehr, die Kontingenzen zum Gegenstand zu machen, die hinsichtlich der Benennung oder Definition von Risiken, der Wahrnehmung von Risiken und/oder des Umgangs mit Risiken bestehen.[20]

Beiden obigen Argumentationsgängen, die jeweils die Rede von Mensch-Natur-Beziehungen als sinnlos erscheinen lassen, könnte man nun entgegenhalten, sie betrieben bloß sprachliche Spitzfindigkeiten. Der ersten Argumentation könnte zum Beispiel entgegnet werden, dass doch die impliziten oder expliziten Advokaten eines ‚Endes der Natur' es selber nicht so genau nehmen würden und es auch gar nicht so genau nehmen *könnten*, weil man um ‚Natur' dekonstruieren (oder ‚beerdigen') zu können, zuvor ‚Natur' sagen müsse. Der zweiten Argumentation könnte entgegengehalten werden, dass es doch – so lange man darum wüsste, dass der Mensch in der objektivierenden Erdsystemforschung auf eine Weise gefasst wird, die ihm nicht in Gänze gerecht wird – dass es dann doch ganz egal sei, ob dabei von Mensch-Natur-Beziehungen gesprochen würde oder nicht (ganz abgesehen davon, dass heute doch ohnehin meist von Gesellschaft statt von Mensch gesprochen würde). Derart auf die beiden Argumentationen zu reagieren wäre jedoch vorschnell. Es hieße eine Chance zu übersehen, die sich aus ihrer Zusammenfügung ergibt.

Zusammengenommen stellen sie uns nämlich vor die Herausforderung, darüber nachzudenken, ob sich nicht doch auch Mensch-Natur-Beziehungen beschreiben lassen – und zwar aus der Geographie selbst heraus –, die zweierlei gerecht werden: Zum einen so etwas wie einer Eigenständigkeit oder einer eigenen Sphäre von Natur (die die impliziten oder expliziten Advokaten eines ‚Endes des Natur' nicht in jedem Falle in ihrer Existenz bestreiten, aber doch zumindest für nicht erfahr- oder darstellbar halten) und zum anderen so etwas wie der besonderen Eigenart oder eigenen Seinsweise des Menschen (die in den genannten Ansätzen einer objektivierenden Erdsystemforschung ausgeblendet wird). Ich möchte die hier in Frage stehenden Mensch-Natur-Beziehungen, in denen sowohl die dem Menschen *eigene* Seinsweise als auch so etwas wie eine *eigene* Seinsweise oder Eigenständigkeit von Natur gewahrt wird, *eigentliche* oder *genuine* Mensch-Natur-Beziehungen nennen. Dass ich diese Mensch-Natur-Beziehungen ‚eigentliche' beziehungsweise ‚genuine' nenne, liegt zunächst an der in diesem Kapitel verfolgten Frage, ob es in bestimmten Fällen *eigentlich* noch sinnvoll ist beziehungsweise noch *genuinen* Sinn hat, von Mensch-Natur-Beziehungen (oder -Verhältnissen) zu sprechen. Aber die Wortwahl erweist sich natürlich auch deswegen als sinnvoll, weil im ‚*Eigen*tlichen' auch ein Bezug zum ‚Eigenen' und somit zur Frage ‚*eigener* Seinsweisen' steckt. Zudem wird das ‚Genuine' im vorliegenden Text noch eine zentrale Rolle spielen. Und ich möchte bereits hier auf einen recht naheliegenden Grund hinweisen, warum es sich lohnt, über solche genuinen Mensch-Natur-Verhältnisse nachzudenken: Eine Form der Wissenschaftlichkeit, der es tatsächlich gelänge, sich ebensolchen zu widmen, bedeutete unter anderem die Chance, Verhältnisse zu fördern, und zwar sowohl in den Wissenschaften wie außerhalb dieser, in denen Natur eben nicht nur zum Objekt gemacht wird (wie es gerade in einem *objekt*ivistischen Wissenschaftsverständnis der Fall ist, das zu wissenschaftlichen Resultaten und Sprachen führt, durch die Natur letztlich beherrschbar, kontrollierbar oder manipulierbar werden soll, wodurch wiederum instrumentalistisch-technologische Zugänge gefördert werden, die die heutige ökologische Krise begünstigen;[21] und/oder wie es auch in ‚außerwissenschaftlichen' kulturellen Praktiken der Fall ist, in denen Natur bloß zum Objekt menschlicher Interessen – wie etwa beim Raubbau sogenannter ‚natürlicher Ressourcen' – oder bloß zum Objekt seiner Phantasien wird). Die Frage genuiner Mensch-Natur-Verhältnisse verknüpft sich so auch mit der der Nachhaltigkeit.

Um dem Umstand stärker Rechnung zu tragen, dass es in der Geographie immer um Naturgebilde der Erde geht, in denen wir als Bewohner dieser Erde unausweichlich und immer schon verortet sind, spreche ich im Folgenden statt von Natur bevorzugt von Erdnatur.

4

Wenn es bei der Frage genuiner Mensch-Erdnatur-Verhältnisse unter anderem darum geht, so etwas wie eine eigene Seinsweise der Erdnatur zu wahren und somit dieser Erdnatur ihre Eigenständigkeit zu lassen, dann erscheint es ratsam, über das Tun derjenigen nachzudenken, die sich auf die Erdnatur in besonderem Maße verstehen sollten, nämlich über das Tun heutiger Physischer Geographen (welches sich nach dem derzeit herrschenden Selbstverständnis von demjenigen anderer erdbezogener Naturwissenschaftler nicht klar unterscheiden lässt). Dazu ist zunächst natürlich zu sagen, dass dieses Tun zweifelsohne in einem immer ganz bestimmten historisch-kulturellen Kontext verortet ist. Physische Geographen machen in ihrem

Tun selbstverständlich Gebrauch von bestimmten Theorien, Modellen, Symbolsystemen, Begrifflichkeiten, Instrumenten, Verfahrensweisen, Praktiken et cetera, die alle in einem bestimmten (wissenschafts-)kulturellen Kontext stehen. Selbstverständlich ist auch, dass das Gebrauchmachen oder Durchführen von bestimmten diskursiven oder materiellen Praktiken, die bestimmten historisch-kulturellen Kontexten zugehören, nicht immer auf bewusste oder explizite Weise geschieht, sondern auch auf nicht bewusste oder implizite Weise. Trotzdem lässt sich das Tun dieser Wissenschaften nicht rein kulturalistisch beziehungsweise unter Verweis auf den jeweiligen sozio-kulturellen oder historisch-kulturellen Kontext begründen. Vielmehr lässt sich dieses Tun (wie ich an anderer Stelle aus meiner eigenen Erfahrung heraus ausführlich gezeigt habe)[22], sobald es qualitativ ernst zu nehmen ist, von einem unausdrücklichen ‚Anspruch' *leiten*, der nicht nur der unausdrückliche Anspruch der jeweiligen Wissenschaftler ist, *sondern auch und zugleich* der unausdrückliche An*spruch* (beziehungsweise die ‚Sprache') der eben *anspruchs*vollen Naturgebilde selbst, in denen sich die jeweiligen Wissenschaftler bewegen. Denn gerade weil die Naturgebilde der Erde niemals isolierbare und statische Gebilde sind, sondern übergänglich, vielschichtig in- und miteinander verschachtelt und sich in einem ständigen räumlichen und zeitlichen Wandel befinden; gerade weil es sich daher an jedem Ort und zu jeder Zeit eigentlich immer wieder um einmalige, so noch nie dagewesene Gebilde handelt, die als sich etablierten Kategorisierungen und Herangehensweisen entziehend oder zumindest als eine Herausforderung erlebt werden können; gerade weil man daher während der Feldarbeit immer wieder zu spüren bekommt, dass man einfach noch nicht im Bilde (dieses einzigartigen Gebildes) ist: Gerade deswegen erfahren Physische Geographen trotz aller (wissenschafts)kulturellen Etabliertheiten und Habitualisierungen in sich immer wieder neu die Notwendigkeit, sich das Naturgebilde, in dem sie sich bewegen, überhaupt erst zu erschließen, also über dieses überhaupt erst einmal ins Bild zu kommen: in der Weise, wie es gefügt ist oder sich verhält, und durch die Weise, wie sich die Erkundenden selbst verhalten. Wie im Zuge der Erkundung eines unvertrauten Geländes, die ja in jedem Falle solange weitergeführt wird, wie die Erkundenden das Gefühl haben, dass die Verhältnisse auch noch ,irgendwie ganz anders' liegen, das heißt sich ganz anders ,verhalten' und daher auch ganz anders zu verstehen sein könnten als bisher gedacht. Diese – meist implizit bleibende – Ebene des Tuns Physischer Geographen (und anderer erdbezogener Naturwissenschaftler) geht somit damit einher, dass Wissenschaftler sich ihrer Sache stellen und ihre Sache gut machen wollen.

Das eigentliche Können der Physischen Geographen besteht dann aber nicht primär darin, bestimmte (wissenschafts-)kulturell etablierte Theorien, Modelle, Verfahrensweisen, Praktiken et cetera zu beherrschen, sondern es liegt vielmehr in einem *Wachsein* für sich wandelnde und immer wieder neue, eigene Qualitäten und Seinsweisen der Naturgebilde, die eben neue, bisher so noch nicht dagewesene Erfahrungs- und/oder Darstellungsweisen erfordern, welche es in die Welt zu bringen gilt. Anders gesagt: Das Können liegt zu allererst darin, *in der Lage zu sein*, bisher noch nicht realisierte, aber sich eben doch ,irgendwie' bereits abzeichnende Erfah-

rungs- und/oder Darstellungsmöglichkeiten der Erdnatur herauszuspüren, zu antizipieren. Und dies auf eine
einen selbst gewissermaßen nötigende Weise, das heißt
so, dass man nicht stehen bleiben kann in dem Bisherigen, sondern unweigerlich nach anderen, bisher übersehenen, einem weiteren Horizont entspringenden Er-
fahrungs- oder Darstellungsmöglichkeiten zu suchen
beginnt. Ich möchte ein solches In-der-Lage-Sein ein
‚irdisches In-der-Lage-Sein‘ nennen.

Dabei ist das ‚Lageartige‘, das ‚In-der-*Lage*-Sein‘
dieses ‚irdischen In-der-Lage-Seins‘ in einer in sich
zweifachen Bedeutung zu verstehen: nämlich nicht nur
im Sinne eines Könnens, sondern *zugleich* auch im Sinne einer Situiertheit *in* den Naturgebilden (ohne die
das Können gar nicht zum Zuge käme). Von einem *irdischen* In-der-Lage-Sein spreche ich ebenfalls in
(mindestens) zweierlei Hinsicht: Nicht nur, weil es um
Naturgebilde der *Erde* geht, in denen wir – als Bewohner dieser Erde – immer schon und unausweichlich situiert beziehungsweise verortet sind (wobei diese zunächst nur als Verortetsein zu verstehende Situiertheit
nicht nur im konkreten materiell-erdräumlichen Sinne
zu verstehen ist, sondern zugleich auch in Hinblick auf
die historisch-kulturelle Situiertheit unseres jeweiligen
Zugangs zu diesen Naturgebilden)[23]. Sondern auch
und vor allem, weil die Qualität oder Seinsweise *des
Irdischen*, die in unserer Sprache ja – im Unterschied
zum Überirdischen, Himmlischen oder Göttlichen –
unter anderem mit Vergänglichkeit und Begrenztheit
(und somit zugleich auch mit Prozessen des Entstehens
und Vergehens) konnotiert ist, in diesem ‚In-der-Lage-
Sein‘ selbst eine tragende, notwendige Rolle spielt.
Insbesondere die Tatsache, dass der Mensch – anders

als andere Phänomene des Irdischen – sich in seiner Begrenztheit selbst erfahren kann. Dies zeigt ja, dass der Mensch eine unausdrückliche Offenheit für etwas haben kann, das – jenseits seines bisherigen Horizonts – auf eine andere Weise ‚ist‘ (und zwar auch auf andere Weise als Irdisches ist, als Entstehendes und Vergehendes ist). So kann er sich auch in einer irdischen Lage fühlen, die es angemessener, vielschichtiger, nämlich unter einer wahrenden Berücksichtigung bisher so noch nicht gesehener Seinsweisen des Irdischen zu vollziehen gilt (wie in Form neuer Erfahrungs- oder Beschreibungsweisen der Naturgebilde). Dass und in welchem Sinne ich hier ‚*es … gilt*‘ sage, unterstreicht nochmals das ‚Nötigende‘ solcher Lagen und somit das, was es für einen selbst, aus seinem eigenen In-der-Lage-Sein heraus, *not*wendig werden lässt, bisher noch nicht gesehene Möglichkeiten der eigenen Lage zu realisieren – egal was andere dazu sagen, ob sie da (schon) mitgehen können oder nicht. Insofern kann man auch von irdischen ‚Lagen, die einen dazu nötigen, Not zu wenden‘, von irdischen ‚Lagen der Not und Notwendigkeit‘ oder – kurz – von irdischen *Notwendigkeitslagen* sprechen.[24] Wobei nicht vergessen werden darf, dass im Lageartigen, im In-der-Lage-Sein zugleich immer auch *Möglichkeit* mitschwingt.

Das aber sind nun genau solche Momente, in denen sich davon sprechen lässt, dass sich jemand auf eine dem menschlichen Dasein entsprechende Weise verhält und zugleich die Naturgebilde der Erde als etwas wahrt und gewahr wird, dem eine gewisse Eigenständigkeit oder eine eigene Seinsweise zukommt. In diesen lebendigen Situationen also, in denen jemand aufgrund seines zweifach zu verstehenden In-der-Lage-Seins in den Naturgebilden der Erde spürt, den eigentümlichen Verhältnissen der Erdnatur auf die bisherige Weise nicht mehr gerecht zu werden und daher um neue, der eigenen Seinsweise der Naturgebilde angemessenere Erfahrungs- oder Beschreibungsweisen zu ringen beginnt, in diesen Situationen eines irdischen In-der-Lage-Seins (die in den Naturwissenschaften gemeinhin implizit bleiben) gibt es einen Bezug zwischen Mensch und Erdnatur, der sich weder kulturalistisch noch naturalistisch beschreiben lässt und den ich im vorigen Kapitel mit der Formulierung ,eigentliche‘ oder ,genuine Mensch-Erdnatur-Beziehungen‘ umschrieben habe. Solche ,eigentlichen‘ oder ,genuinen Mensch-Erdnatur-Beziehungen‘ existieren also, und zwar genau in dem Geschehen, in dem uns in eins mit der Erfahrung der Grenzen unserer bisherigen Sicht der Dinge das Finden einer neuen Erfahrungs- oder Darstellungsweise der Erdnatur – beziehungsweise einer neuen Verhaltensweise in und gegenüber der Erdnatur – zur notwendigen, uns selbst nötigenden *Aufgabe* wird. Und dies eben nicht wegen äußerer Vorgaben oder weil andere das von uns wollen oder uns sagen, sondern alleinig, weil wir uns selbst in der zweifach und *irdisch* zu verstehenden Lage fühlen und erleben, die dies möglich und notwendig werden lässt.

Derartige irdische Notwendigkeitslagen können natürlich nicht nur in den erdbezogenen Naturwissenschaften zum Tragen kommen. Es kann sie genauso auch in den Künsten geben. Genau genommen müsste man sagen, dass sich ein wissenschaftliches Tun, das davon geleitet ist, seine Sache aus einer irdischen Notwendigkeitslage heraus gut machen zu wollen, und ein

Hervorbringen von Kunst, die ebenfalls aus Notwendigkeitslagen heraus entsteht und sich insofern wahrhaftig[25] vollzieht, hier treffen können. Und im selben Zusammenhang wären unter gewissen Umständen auch andere kulturelle Praktiken, zum Beispiel agrikulturelle Praktiken, zu nennen. Denn auch hier können sich genuine Mensch-Erdnatur-Verhältnisse herausbilden – so, dass man die Notwendigkeit sieht, neue Verfahrensweisen beziehungsweise Verhaltensweisen hervorzubringen, um den sich wandelnden, eigenen Seinsweisen der Naturgebilde möglichst gerecht zu werden. Dabei dürfen diese Notwendigkeiten nicht als *rein* pragmatisch zu verstehende ‚Notwendigkeiten‘ missverstanden werden. Irdische Notwendigkeitslagen im Rahmen agrikultureller Praktiken sind nicht darauf zu reduzieren, dass bestimmte agrikulturelle Vorgehensweisen an einem bestimmten Ort oder zu einer bestimmten Zeit nicht (mehr) funktionieren. Sie werden daher auch nicht dadurch ‚gelöst‘ oder ‚aufgelöst‘, dass man Wege findet, bestimmte Zweckvorgaben, etwa einen bestimmten Ernteertrag, zu erfüllen. Dass jemand in und mit seinem agrikulturellen Tun der eigenen Seinsweise der Naturgebilde gerecht zu werden sucht, deutet vielmehr darauf hin, dass es auch zum irdischen Menschsein dazu gehört, eine Agri*kultur* im emphatischen Sinne pflegen zu können und zu wollen, und zwar in Form eines wachsenden Vertrautwerdens mit Naturgebilden und zugleich immer wieder neu auszulotenden Pflegens, Schonens und somit auch Wahrens von Naturgebilden.[26]

Geographisches Institut
der Universität Kiel

5

Nun lässt sich aber auch sagen, dass uns in genuinen Mensch-Erdnatur-Beziehungen erfahrbar wird, dass *die Zeit dafür reif ist*, den Möglichkeitsspielraum dessen, wie sich uns Erdnatur darstellen kann – und wie wir uns dementsprechend verhalten können – zu erweitern, oder vielschichtiger werden zu lassen. Somit beschreiben genuine Mensch-Erdnatur-Beziehungen auch Lagen, in denen sich (für einen selbst) die Zeiten wandeln und somit Geschichte ereignet. Die oben skizzierten irdischen Notwendigkeitslagen sind so gesehen auch Geschichte ermöglichende, Geschichte zulassende Lagen – Lagen, die Geschichte schreiben, oder besser: Lagen, aus denen sich Geschichte schreibt.

Auch wenn diese nie ge*schrieben* wird.

Mit diesem Nachsatz möchte ich zweierlei zum Ausdruck bringen:

Zum einen, dass es sich um eine Form des Geschichte-Schreibens handelt, die nicht, zumindest nicht in jedem Falle, mit dem gleichzusetzen ist, was Historiker gemeinhin tun (und was hier als Historiographie bezeichnet werden soll).[27] Das Geschichte-Schreiben ist vielmehr in dem Sinne zu verstehen, wie wir über bestimmte Ereignisse sagen, dass sie ‚Geschichte geschrieben‘ haben, weil durch sie etwas in die Welt kam, das sich fortan nicht mehr wegdenken lässt, das also wirksam bleibt und in dem Sinne einen nachhaltigen Wandel bedeutet.[28] Ich möchte in diesem Zusammenhang von *genuiner* Geschichtlichkeit beziehungsweise von einem (Sich-)Schreiben *genuiner* Geschichte sprechen. Da in dem Wort ‚genuin‘ auch (etymologisch betrachtet) das lateinische *gignere* mitschwingt, wird dadurch der hervorbringende, quasi ‚gebärende‘ und somit bereichernde Charakter betont. Genuine Mensch-Natur-Verhältnisse vermögen genuine Geschichte zu schreiben, und dies, weil sie aus der ‚Not‘ irdischer *Not*wendigkeitslagen geboren sind.

Zum zweiten möchte ich zum Ausdruck bringen, dass es sich um eine Form des ‚Schreibens von Geschichte‘ handelt, die sich unter Umständen nie, oder zumindest nie explizit, in schriftlichen Zeugnissen niederschlägt. Die oben skizzierten ‚irdischen Lagen‘ in den irdischen Naturgebilden, aus denen sich Geschichte zu ereignen vermag, sind somit auch nicht derart zu verstehen, dass sie stets zu den großen Umbrüchen führen würden, die in der Wissenschaftsforschung oder Wissenschaftstheorie mit wissenschaftlichen Revolutionen oder Paradigmenwechseln in Verbindung gebracht werden und daher (früher oder später) eben doch schriftliche Thematisierung finden. Sie zeitigen sich vielmehr auch in Form eines *wachsenden In-der-Lage-Seins* im Sinne eines *wachsenden Knowhows*, das in alltäglichen Praktiken (die in den Naturgebilden der Erde und in Bezug auf diese geschehen) auf stillschweigende Art, also als eine Form des *tacit knowledge* (Polanyi) zum Tragen kommt und somit diesseits oder jenseits dessen liegt, was uns sagbar, geschweige denn ‚*schreib*bar‘ ist. ‚Geschichte schreibt sich‘ dabei insofern, als ein wachsendes Know-how ebenfalls zu Veränderungen führt, die im eigenen Tun wirksam bleiben (und sich dadurch für einen die Zeiten wandeln).[29] Zudem geht jedes Know-how, jedes In-der-Lage-Sein immer auch aus einem genuin geschichtlichen Vollzug hervor, indem es sich überhaupt erst wie ein geschichtlich wachsendes Gebilde *heraus-*

bilden muss und kann. Daher spreche ich statt von einem *Schreiben* von Geschichte auch von einer *Bildung* von Geschichte beziehungsweise Geschichtlichkeit.

Die Schwierigkeit des Zur-Sprache-Bringens eines solchen unausdrücklichen, geschichtlich wachsenden Erfahrungswissens hängt nun gerade damit zusammen, dass es nicht in inhaltlich bestimmbaren und entsprechend aussageartig repräsentierbaren Erfahrungen wurzelt, sondern daraus erwächst, dass man mit seinem Erfahren Erfahrungen macht – auf eine Weise, die Tragweite hat. Mit anderen Worten: Der Mensch ist in der Lage, sein eigenes Erfahren (hier: der irdischen Naturgebilde) zu erfahren, und dadurch vermag sich sein Erfahren – beziehungsweise sein Verhalten – zu verändern (und so wiederum seine Lage). Zum Beispiel, indem jemand während der Erkundung eines Geländes oder Naturgebildes die Erfahrung macht, zu weit gegangen zu sein, weil sich das Naturgebilde wieder verändert hat (oder auch, indem jemand die Erfahrung macht, noch nicht so weit gegangen zu sein, dass das Gebilde ein anderes geworden wäre).[30] Und natürlich gibt es Erfahrungen ähnlicher Struktur (die sich hier aber sicherlich zu wenig komplex vermitteln) auch in außerwissenschaftlichen Kontexten: Etwa dann, wenn ein Bauer die Erfahrung macht, dass sich sein Getreide in bestimmten Bereichen nicht mehr so, wie er es bisher gewohnt war, anbauen lässt; oder wenn er die Erfahrung macht, einem Feld mit der ihm vertrauten Bearbeitungsmethode auf Dauer nicht gerecht zu werden, weil sie seine Bodenkrume zerstört, oder Ähnliches.[31] (Hier zeigt sich, dass sich auch die Erfahrung des ‚Zu-weit-gegangen-Seins‘ in Bezug auf Sachverhalte denken lässt, die wir heute in Zusammenhang mit Fragen ‚ökologischer‘ Nachhaltigkeit sehen).

Dass das Entscheidende an Erfahrungen dieser Art – und somit das, was ihre Eigenart ausmacht – etwas ist, das *nicht* konkret inhaltlich bestimmbar und aussageartig fassbar (oder von außen empirisch beobachtbar) ist, mag man nun leicht übersehen, wenn man die gerade gegebenen Beispiele liest. Zumindest dann, wenn man sie zu schnell beziehungsweise zu sehr nach gewohnten Mustern liest, nämlich so, als ließe sich die jeweilige Erfahrung auf ein repräsentierbares Wissen reduzieren (‚auf dem Feld X führt die Bearbeitungsmethode Y zur Zerstörung der Bodenkrume‘; ‚ab Koordinate X liegt nicht mehr Y, sondern Z vor‘; oder auch: ‚nach der Erfahrung der Person A liegt ab Koordinate X nicht mehr Y, sondern Z vor‘, oder Ähnliches). Es darf einfach nicht vergessen werden, dass es etwas völlig anderes ist, ob man *aus der eigenen, lebendigen Praxis und Lage* heraus erfährt, dass man mit seinem Verhalten den Verhältnissen der Naturgebilde nicht oder noch nicht gerecht geworden ist (beziehungsweise dass man zu weit oder noch nicht weit genug gegangen ist), oder ob man einem solchen Zusammenhang – sozusagen als Außenstehender – in einer Logik entgegentritt, die auf aussageartig fassbare Wissensbestände fixiert ist. Was im letzteren Fall verloren geht, ist eben die im vorigen Kapitel skizzierte Geschehensdynamik, in der man sich in seinem irdischen In-der-Lage-Sein (also aus seiner spezifischen Notwendigkeitslage heraus) dazu genötigt fühlt, *sich über bisher Gewohntes hinauszuwagen*, um angemessenere Erfahrens-, Beschreibens- beziehungsweise Verhaltensweisen zu entwickeln und so seine Lage –

und somit auch sein In-der-Lage-Sein – neu zu entwerfen. Dabei lässt sich gar nicht sagen, *was* in diesem notwendigen Wandel hervorbringenden Geschehen *wem* vorausgeht: das (Sich-)Verhalten der erfahrenden Person den Naturverhältnissen oder die Naturverhältnisse dem (Sich-)Verhalten der erfahrenden Person. Genau genommen lässt sich beides gar nicht voneinander trennen, ,verursacht' weder das eine das andere noch das andere das eine, liegt also auch eine akausale Temporalität vor. Es handelt sich eben um *irdische Verhältnisse*, die Natur*verhältnisse* und *Verhalten*sweisen auf untrennbare Weise gleichermaßen einbegreifen und die *sich* wandeln. Ich möchte es noch anders formulieren: Es handelt sich um eine Geschehensdynamik, die bedeutet, dass ,*es* auf Erden wandelt'. Auch, aber ganz gewiss nicht alleinig dadurch, dass der Mensch in dem anderen Sinne auf Erden ,wandelt', dass er sich auf dieser bewegt.

So lässt sich *Ritters* Formulierung „so lange *es auf Erden wandelt*" (158, Hervorhebung B.Z.) – mit der *er* sagen wollte: ,solange es Menschen auf der Erde gibt' –[32] auf ganz andere, den Ritterschen Kontext sicherlich überschreitende Weise lesen. Das Wort ,es' in der Formulierung ,solange es auf Erden wandelt' bezieht sich dann, anders als es bei Ritter der Fall ist, nicht mehr auf den ,Menschen' beziehungsweise das ,Menschengeschlecht', sondern entzieht sich einer Logik, die zwischen einem ,aktiven Subjekt' und einem ,passivem Objekt' trennt. In dieser neuen, in dieser irdischen Lesart der Formulierung lässt sich dann sagen: Solange es auf Erden wandelt, gibt es sich immer wieder neu herausbildende genuine oder eigentliche Mensch-Erdnatur-Verhältnisse und entsprechend ein sich immer wieder neu herausbildendes, genuine Geschichte schreibendes (beziehungsweise Geschichte bildendes) In-der-Lage-Sein. Somit kann man dann aber auch sagen: Solange der Mensch weder bloß aktiver Macher, Ingenieur oder *Konstrukteur* von (Veränderungen der) Erdnatur ist,[33] (worauf Ritters Perspektive hinausläuft, sobald er die Bedeutung seines ‚historischen Elementes‘ herausstellt), noch bloß passiv Erleidender beziehungsweise Beeinflusster durch die Erdnatur („wie durch Vulkane, Erdbeben oder Fluthen, oder andere zerstörende Naturerscheinungen, die momentan jede Aufmerksamkeit aufregen", 161), noch bloß mal das eine, mal das andere, sondern: Solange *es auf Erden wandelt*, auf eine eben *irdische* Weise – solange gibt es den immer vielschichtiger werdenden Vollzug irdischer Verhältnisse, in denen ‚Kultürliches‘ und ‚Natürliches‘ miteinander verwoben sind. Solange kommt es also dazu – um nochmals auf eine Formulierung Ritters zurückzugreifen –, dass sich die „Natur des Planeten" (161) immer wieder anders „mit in den Gang der Menschengeschichte verwebt" (164).

6

So hat uns der Gedankengang auf eine eigentümliche Weise wieder zu Ritter zurückgeführt. Es ist nämlich – wie bei Ritter – wieder etwas ins Spiel gekommen, in dem sowohl Mensch (oder Kultur) und Natur zusammengedacht werden wollen, als auch Räumliches und Zeitliches (wobei letzteres besonders deutlich in der Formulierung ‚ein *Geschichte* schreibendes/bildendes In-der-*Lage*-Sein‘ zum Ausdruck kommt). Zudem ist etwas ins Spiel gekommen, für das sich Ritters Sprache – oder die Sprache, in der er sich damals bewegte –[34] zumindest an spezifischen Schlüsselstellen auf eine eigentümliche Weise anzubieten scheint (wie gerade die Auseinandersetzung mit der Formulierung ‚solange es auf Erden wandelt‘ gezeigt hat, aber natürlich auch in Bezug auf alle Formulierungen Ritters gesagt werden kann, in denen ein Sich-Verschlingen oder Verwobensein von Geographie und Geschichte beziehungsweise von Mensch und Natur thematisiert wird). Und doch, trotz dieser Parallelen zu Ritters Text, ist nun – *nach* den Ausführungen der letzten beiden Kapitel – alles neu zu lesen, ist alles ‚*irgendwie*‘ *ganz anders* als bei Ritter und unserem (in Kapitel 2 skizzierten) ersten Zugang zu der Mensch-Natur-Thematik seiner Abhandlung. Es ist also gewissermaßen ein Sprung erfolgt, der sich aber eigenartiger Weise geradezu unmerklich vollzogen hat, ganz aus der Gedankenbewegung heraus. Und ich würde eben sagen: Es ist nun so, dass es um irdische Verhältnisse geht, die *auf eine tragfähige Weise Zukunft haben.*

Dies lässt sich *zum einen* in der Hinsicht sagen, dass es sich um unabschließbare, ‚unvollendbare‘ irdische Verhältnisse handelt – im Unterschied zu den durch das ‚historische Element‘ (das heißt den Menschen und seine verändernden Tätigkeiten) mitbedingten „Gesammtverhältnissen der tellurischen Seite der Erde" (162), die Ritter zu beschreiben sucht und die er als prinzipiell vollendbar erachtet.[35] Das irdische In-der-Lage-Sein besitzt kein Ende in seiner Entwicklung, auf das es zuläuft, sondern es bringt *sich* vielmehr immer wieder neu hervor – in einer Weise, in der die Zukunft nicht nur offen bleibt, sondern sogar *offener* wird: offener nämlich in dem Sinne, dass sich durch jeden Vollzug des irdischen In-der-Lage-Seins der Möglichkeitsspielraum erweitert, wie für uns Erdnatur zur Darstellung kommen kann und wie wir uns dementsprechend verhalten können. Dieses Offener- oder Weiter-Werden des Möglichkeitsspielraums, wie für uns irdische Verhältnisse (zukünftig) sein können, ist freilich etwas ganz anderes, als etwa „an eine *nicht unmögliche* Durchbrechung der Landenge Suez aus der Levante nach dem Orient zu denken" (174, Hervorhebung B.Z.), wie es Ritter tut – also etwas ganz anderes als eine rationale Erwägung von möglicherweise eintretenden oder realisierbaren Vorgängen oder Ereignissen. Ersteres, also das Offener- oder Weiterwerden eines Möglichkeitsspielraums, betrifft das ‚Wie' – irdische Seins- und Verhalten*sweisen* (und damit, nebenbei gesagt, eine ontologische Ebene), die sich geschichtlich vollziehen und *sich* somit im Wandel befinden (‚solange es auf Erden wandelt'). Letzteres betrifft das ‚Was', also Ontisches, dessen Eintreten oder Nicht-Eintreten sich früher oder später feststellen und historiographisch festhalten lässt. In gewisser Weise könnte man sogar sagen, dass Ritter da, wo er an die nicht unmöglich erscheinende „Durchbrechung der Landenge Suez" (174) denkt, gerade *nicht* zukunftsbezogen ist. Und zwar deswegen, weil er dort nichts anderes macht, als bereits *bestehende* Tendenzen beziehungsweise Verhaltensweisen der damaligen Zeit auf spätere Zeitpunkte zu projizieren – nämlich die Überwindung von „Hemmungen [im Sinne von Hindernissen] auf dem Planetenringe" (168), die dem gesteigerten „Völker- und Handelsverkehr" (166) entgegenstehen. Die genuin geschichtlichen Vollzüge eines irdischen In-der-Lage-

Seins hingegen entziehen sich einem Zeitverständnis, das an die Vorstellung eines Nacheinander von Zeitpunkten gebunden bleibt. ,Zukunft haben' heißt für mich daher weder: zu einem Zeit*punkt*, der jetzt noch nicht ist, weiterhin so wie vorher vorhanden sein. Noch bedeutet es: auf etwas bezogen sein, das zu einem späteren Zeitpunkt, der jetzt noch nicht ist, mit einer gewissen Wahrscheinlichkeit sein wird – wie es auch für die derzeitige ,Global Change Forschung' gilt (weswegen in meinen Augen auch diejenigen, die in Hinblick einen zu erforschenden globalen Wandel von der Geographie als „eine[r] der bedeutendsten Zukunftswissenschaften"[36] sprechen, in diesem Moment gerade *nicht* zukunftsbezogen sind). ,Zukunft haben' bedeutet für mich vielmehr: so zu sein, dass es in unabschließbarer Weise zu immer wieder neuen Weisen des Sich-Entfaltens und Präsent-Werdens kommen kann. Also so zu sein, dass es einen immer wieder neu in bisher noch nicht gesehene Möglichkeiten des eigenen In-der-Lage-Seins hinein*trägt*. Unter anderem deswegen spreche ich oben auch davon, dass es um irdische Verhältnisse geht, die auf *trag*fähige Weise Zukunft haben.

Zum anderen schwingt in dem Wort Tragfähigkeit aber auch Nachhaltigkeit mit. Und in diesem Sinne meine ich mit solchen ,irdischen Verhältnissen, die auf eine tragfähige Weise Zukunft haben', *zugleich auch* irdische Verhältnisse, die, indem sie sich vollziehen, eine nachhaltige Wirkung zeitigen. Dies wiederum lässt sich nicht nur in dem Sinne verstehen, dass sie fortan wirksam bleiben (eben weil sich das irdische In-der-Lage-Sein *genuin* geschichtlich, genuine Geschichte schreibend vollzieht). Sondern zugleich auch in der Hinsicht, dass sie ein Klima der (nun ,ökologisch' zu verstehenden) Nachhaltigkeit fördern können – und zwar in dem Sinne, dass sie Prozessen, die die sogenannte ‚ökologische Krise' begünstigen (Raubbau an ‚natürlichen Ressourcen', Reduktion der Artenvielfalt et cetera), entgegenzuwirken vermögen. Dies wird eben dadurch ermöglicht, dass es sich um den Vollzug irdischer Verhältnisse handelt, in denen sich ein Gewahrwerden der (zu wahrenden) Eigenständigkeit oder eigenen Seinsweise irdischer Naturgebilde ereignet, sodass diese nicht bloß zum Objekt gemacht werden (wie es in den instrumentalistisch-technologischen Zugängen geschieht, welche die ‚ökologische Krise' begünstigen). Auch hier gilt freilich: *Vollendbar* sind diese Nachhaltigkeit zeitigenden irdischen Verhältnisse nie. Sie münden nie in einen perfekten oder fertigen Zustand der Nachhaltigkeit, und sie *liegen* auch nie nur an einer bestimmten ‚Planetenstelle' (wie Ritter sagen würde) zu einer bestimmten Zeit empirisch erfassbar *vor*. Somit kann es hier auch nicht um Mensch-Natur-Verhältnisse gehen, die gegenüber anderen Planetenstellen und/oder anderen Zeiten „harmonisch-vollendeter" (178) in Erscheinung treten könnten – wovon Ritter ausging, der solche Verhältnisse als „in frühern Jahrhunderten und Jahrtausenden, als die Völkergeschlechter überall mehr auf ihre Heimathen und auf sich selbst angewiesen waren" (178), noch gegeben sah. Eben weil Ritter davon ausging, wurde der ihm (beziehungsweise Herder) zugeschriebene Anfang des sogenannten Kernparadigmas der ‚klassischen Geographie' des 19. und 20. Jahrhunderts auch als ein vormodern beziehungsweise antimodern orientiertes Paradigma gelesen.[37]

Statt aber positiv oder negativ auf die Vorstellung *vollendbarer* Mensch-Natur-Verhältnisse bestimmter

Planetenstellen fixiert zu bleiben, hat uns die Frage nach der Möglichkeit genuiner Mensch-Natur-Verhältnisse auf ein irdisches In-der-Lage-Sein gestoßen, das sich gerade dadurch auszeichnet, eine Erfahrung des Begrenztseins und in eins damit eine Offenheit für ein nötiges *Noch-nicht* zu wahren und somit auch immer wieder neu hervorzubringen. Und anstatt vormodern oder antimodern orientiert zu sein (oder auch ‚postmodern' in dem Glauben zu verharren, die Moderne gänzlich hinter sich lassen zu können), hat uns die Frage nach der Möglichkeit genuiner Mensch-Natur-Verhältnisse auf den Vollzug von Praktiken gestoßen, die, indem sie auf eine tragfähige Weise Zukunft haben, bestimmte Tendenzen der Moderne (die unter anderem mit einem objektivistisch-repräsentationalistischen (Natur-)Wissenschaftsverständnis einhergehen) abzuschwächen vermögen. Auf diese Weise können die Anfänge des sogenannten Kernparadigmas der Geographie bei Ritter neu gelesen werden. Wenn dem aber so ist, dann stellt sich auch die Frage, ob beziehungsweise inwiefern die Geographie auch das Potenzial hat, dieses Neu-Lesen der Anfänge des geographischen Kernparadigmas in Form einer *ihr eigenen* Weise wissenschaftlichen Arbeitens fruchten zu lassen – einer Weise wissenschaftlichen Arbeitens, die, wie man in erster Annäherung sagen könnte, ganz und gar einer eigenen *Logik irdischer Lagen* (das heißt: eines irdischen In-der-Lage-Seins) *statt einer Logik der Planetenstellen* folgt. Denn nur in irdischen Lagen sind wir immer schon und *gilt es* immer wieder neu zu sein, weil sie sich ständig – und notwendig – im *Wandel* befinden, so, dass es auf eine tragfähige Weise Zukunft hat. Planetenstellen hingegen werden wie von außen, wie unbeteiligt betrachtet und dies so, als wären sie *feststellbar*. Feststellbar im zweifachen Sinne des Wortes, das heißt zum einen so, als wären sie *fest*zustellen, also aus einem *sich* wandelnden Geschehen herauszulösen und in Hinblick auf einen bestimmten Zeitpunkt oder eine Folge von Zeitpunkten zu fixieren, und zum anderen so, als wären sie faktenartig zu registrieren beziehungsweise mittels empirischer Forschung faktenartig zu ermitteln.[38] Dies gilt auch dann, wenn die Planetenstellen als Planetenstellen mit bestimmten, für bestimmte Zeitpunkte und aus einer bestimmten Perspektive *zuschreibbaren* Stellenwerten (oder Bedeutungen) aufgefasst werden (wie es ja auch bei Ritter geschieht). Und es gilt auch dann, wenn Prognosen oder Szenarien bestimmte spätere Zeitpunkte erstellt werden – auch dann herrscht eine Logik der Planetenstellen.

Sicherlich: Zu erwarten ist, dass eine derartige Möglichkeit wissenschaftlichen Arbeitens gerade bei heutigen Geographen zunächst einige Irritationen auslöst. Und zwar schon allein deswegen, weil sie sich *im Kern* um etwas dreht, das zwar ‚irgendwie‘ mit greifbar erscheinenden irdischen Praktiken zu tun hat (Geländeerkundung, agrikulturelle Praktiken et cetera), also mit etwas, das zum Gegenstandsfeld empirischer Wissenschaften beziehungsweise der „positiven Wissenschaften" (152) gehören kann (wie Ritter sagen würde, der die Geographie und die Historie zu diesen positiven Wissenschaften zählte). Aber dann eben doch auch wieder nicht. Jedenfalls nicht so, dass es sich zu einem beobachtbaren, registrierbaren, erhebbaren, belegbaren, repräsentierbaren Gegenstand machen ließe (wie es in der bisherigen Geographie gemeinhin erwartet würde).[39] Es wurde ja schon darauf hingewiesen, dass es die irdischen Notwendigkeitslagen (beziehungsweise genuinen Mensch-Erdnaturverhältnisse), in denen man sich genötigt fühlt, sein eigenes irdisches In-der-Lage-Sein neu zu entwerfen, nur in einem *immer eigens und selbst* zu lebenden Vollzug gibt. Und selbst wenn man versuchte, sich einer solchen Geschehensdynamik im Rahmen einer qualitativen Sozialforschung über Interviews zu nähern (indem man Personen befragte, die in und mit der Erdnatur viel Erfahrung gewonnen haben), hätte man nicht nur das Problem, dass sich das Erleben eines einen selbst nötigenden In-der-Lage-Seins nur schwer beschreiben, sicherlich aber nicht konkret inhaltlich bestimmen lässt (wie soll man auch ein einen selbst nötigendes Noch-nicht inhaltlich bestimmen können). Das Problem wäre vor allen Dingen, dass eine derartige wissenschaftliche ‚Behandlung' des irdischen In-der-Lage-Seins diesem insofern nicht gerecht wird, als seine *eigentliche Funktion* – nämlich die Erweiterung des Möglichkeitsspielraums irdischer Verhältnisse, durch die sich nachhaltige, genuine Geschichte schreibt – dabei unweigerlich verloren geht (jedenfalls solange es den Befragenden nicht auch um das Gewinnen eines Zugangs zu ihrem *eigenen* irdischen In-der-Lage-Sein geht, was sich dann allerdings auch in ihrer Arbeit in gelingender Weise niederschlagen müsste). Die Herausforderung ist daher, sich mit den irdischen Notwendigkeitslagen auf eine Weise zu beschäftigen, *in der diese Funktion gewahrt wird.* Es gilt somit nicht bloß *über* irdische Notwendigkeitslagen, nicht bloß *darüber* zu schreiben, dass es – im Sinne der irdischen Lesart – auf Erden wandelt (oder auch wo oder wann oder bei wem es auf Erden wandelt). Oder auch nicht bloß *darüber* zu schreiben, dass die Notwendigkeit besteht, dass ‚es auf Erden wandelt‘. Vielmehr gilt es so zu schreiben, dass sich im Vollzug des Schreibens selbst ein Wandel vollzieht, der auf tragfähige Weise Zukunft hat und der auf *diese* Weise tragfähige, Zukunft habende irdische Verhältnisse zu fördern vermag (oder anders gesagt: das Potenzial für die ständige Herausbildung von solchen irdischen Verhältnissen, die Zukunft haben, erhöht). Darauf muss die in Frage stehende, sicherlich erst einmal irritierende Möglichkeit geographischen Arbeitens hinauslaufen (die somit auch zu einer Herausforderung in Bezug auf die Form wissenschaftlichen Schreibens wird). Und eine derartige Form geographischen Arbeitens hatte ich auch im Sinn, als ich eingangs gesagt habe, dass die Geographie in der Tat eine Art Leit- oder Zukunftswissenschaft werden könne. Denn eine solche Form geographischen Arbeitens würde durch ihr Schreiben die Funktion übernehmen, ein Feld zu bereiten für irdische Verhältnisse, die auf tragfähige Weise *Zukunft* haben, und sie würde im Vollzug ihres Schreibens und durch ihr Schreiben in eine Logik irdischer Lagen hinein- oder hinüber*leiten* (wie es im Grunde auch der vorliegende Text bereits tut). Genau genommen müsste man sogar sagen, dass eine solche Form geographischen Arbeitens in das *Erleben* einer irdischen Lage hinein- oder hinüberleitet.

Im Folgenden werde ich mich – weiterhin anhand des Ritterschen Materials – dieser Möglichkeit geographischen Schreibens vertieft widmen. Dies geschieht, grob gesprochen, um drei miteinander zusammenhängende Ziele zu erreichen: Zum einen, um darzulegen, dass beziehungsweise inwiefern die Möglichkeit, sich auf ein solches Schreiben verstehen zu lernen, in dem Ritterschen Textmaterial bereits angelegt ist. Zum anderen um aufzuzeigen, dass ein solches Schreiben aus gutem Grunde als *genuin geographisch* bezeichnet werden kann. Und schließlich, um im zweiten Teil des Buches deutlich werden zu lassen, dass die Tragweite eines solchen Arbeitens über disziplininterne Fragen der Geographie sowie über den Aspekt der Förderung ökologisch nachhaltiger Verhältnisse weit hinausgeht.

7

Interessanterweise lässt sich Ritters Text passagenweise (aber eben auch nur passagenweise) so lesen, als wäre Ritter gerade im Begriff, die nun deutlicher im Fokus stehende, für die damalige wie heutige Geographie völlig ungewohnte Möglichkeit geographischen Arbeitens hervorzubringen. Dies gilt vor allem für Textpassagen auf den ersten Seiten seiner Abhandlung, in denen die Notwendigkeit (oder eine gewisse Not*lage*) spürbar wird, aus der heraus Ritter schreibt – wobei er dort übrigens auf eine besonders engagierte, ja geradezu beseelte Weise schreibt. Ich denke zum Beispiel an Ritters vehemente Kritik an (vermeintlich) geographischer Literatur, der man ihren „Eintheilungsgrund [bloß] aufgedrückt" (153f.) habe oder die allein „abstraktes Machwerk, ein Compendium" (153) oder „bloße Aufzählung" (156) sei, sodass „das Leben der geographischen Wissenschaften" (109) eine „Erstarrung" (ebd.) erlitte. Oder an seine Kritik an Bemühungen, der Geographie „die wahre Würze und die höhere Weihe" (155) durch bloße „Beimischung des Historischen" (ebd.) zu geben – als bedürfe es nur eines mechanischen Zutuns von außen, um ‚die höhere Weihe' zu erhalten. Oder auch an seine Kritik an „öfter sich wiederholende[n] Zeitbestrebungen" (154), in denen man, „wie so häufig, von dem einen Extrem auf das andere" (ebd.) geriete in Bezug auf die Frage, ob es die „historische Seite" (155) der Geographie oder ihre naturbezogene, ‚natürliche' Seite sei, der die „höhere Bedeutung" (155) zukäme. In all diesen Fällen ist Geographie für Ritter eine Geographie, die „des eignen Keims der Entfaltung ermangelt" (156), ist sie „todtgeborne" (ebd.) statt lebendige und lebensfähige Geographie, das heißt, wie ich sagen würde: eine Geographie, die *keine Zukunft hat.* Einen genuin geschichtlichen Wandel herbeizuführen, hin zu einer Geographie, die Zukunft hat, und zwar (weil sie ja des eigenen Keims der *Entfaltung* nicht ermangeln soll) auf *immer wieder neue* Weise Zukunft hat und insofern auch *trag*fähig ist: das ist das – so könnte man daher sagen –, wofür Ritter die Notwendigkeit sieht, wofür für ihn die Zeit reif ist und was er in seinem Text selbst tun zu wollen scheint. So gesehen könnte man in seinem Text bereits einen Zug hin zu der in Frage stehenden Möglichkeit geographischen Arbeitens angelegt sehen.

Aber natürlich sind es gewisse Elemente seiner Sprache, die uns dies so erscheinen lassen. Und so sehr man Ritter in den beseelt geschriebenen Passagen seiner Abhandlung auch abnimmt, dass er selbst die Notwendigkeit einer anderen als summarischen, bloß aufzählenden, kompendienartigen Geographie sah: Dass Ritter zum Beispiel von einem ‚eigenen Keim der Entfaltung' spricht, derer die Geographie bedürfe, könnte unter Umständen – man kann es durch das Lesen seiner Abhandlung ja letztlich gar nicht genau wissen – auch ‚nur‘ der Sprache geschuldet sein, in der man halt damals als Gebildeter unter dem Einfluss des Deutschen Idealismus verkehrte. Und so fällt auf, dass das, was Ritter in seiner Abhandlung als „Keim" (156), „Kern" (158) oder auch als das „eigentliche Wesen" (154) der Geographie beschreibt, zwar etwas ist, das bestimmte irdische Phänomene behandelt, mit denen sich damals keine andere Wissenschaft beschäftigte.[40] Zudem ist es etwas, das für ihn eine gewisse historisch zu begründende Legitimität hat (weil „das dunkle Gefühl wie das klar bewußte Bedürfnis [...] von jeher die geographischen Wissenschaften an die historischen angereihet [hat]", 153). Aber der entscheidende Punkt ist, dass dieser ‚Kern‘ oder ‚Keim‘ für ihn – so wie es sich in seinem Text darstellt – als etwas fungiert, das *gerade nicht* notwendig im Prozess weiterer Entfaltung bleiben muss. Er fungiert bei ihm eher als eine Art nun einmal (dank Herder) vorliegende ‚theoretische Brille‘, mittels derer man – auch und gerade als ‚positive Wissenschaft‘ – in die Welt, oder besser gesagt: *auf* die Erscheinungen und Vorgänge des Erdballs schauen kann (und somit in eine Logik der Planetenstellen verfällt). Und dies übrigens nicht zuletzt auch, um ansonsten vollkommen „unüberschauliche [...] Verhältnisse" (153) wissenschaftlich in den Griff zu bekommen.[41] Und so sehr das für *ihn* auch heißen soll, seine „Kraft und Zeit [...] für die Arbeit auf den Kern, statt des Spiels mit der Schaale" (158) zu verwenden, *am* Kern und *im* Kern selbst – so, dass sich dieser wieder neu zu entfalten vermag – arbeitet er dann gerade nicht mehr. Dafür sieht er gar nicht mehr die Notwendigkeit. Denn was Ritter will, ist, wie wir heute sagen würden, mittels der ‚theoretischen Brille' ein empirisches Forschungsprogramm zu starten, dessen Ergebnisse im repräsentationalistischen Sinne darstellen sollen, wie der Mensch seinen „Wohnort" (158), sein „Wohnhaus" (159) Erde in unterschiedlichen Räumen und zu unterschiedlichen Zeiten auf unterschiedliche Weise tatkräftig verändert – und damit zugleich auch die „tellurischen Weltstellungen" (165) dieser jeweiligen Räume. Das ist das, worin er den „Schlußstein für die Aufgabe der geographischen Wissenschaft" (158) sieht. Und diesem Selbstverständnis entsprechend gibt er in seiner Abhandlung seitenweise Fakten wieder, um die Wirkmächtigkeit dessen, was er ‚das historische Element' nennt, aufzuzeigen, gerade in Hinblick auf das, was *er* „beseelte Bewegung" (161) nennt, also in Hinblick auf die sich physische Erscheinungen (wie Meeresströmungen) zunutze machenden Verkehrsbewegungen, die für ihn – *trotz* aller ‚Beseelung', möchte man ja angesichts des heutigen wie damaligen Sinnhorizonts dieses Wortes ausrufen! – *messbar, registrierbar* sind, zum Beispiel in Form der Fahrtzeiten von Schiffen.

So sehr wir also auch Ritters Abhandlung passagenweise als sehr beseelt geschrieben empfinden können – das ‚Beseelte' im Rahmen von Ritters Konzept von „beseelte[n] Bewegung[en] der flüssigen Formen der Elemente" (163) mutet merkwürdig unbeseelt, nämlich geradezu mechanisch an. Es geht dann gerade nicht um etwas, das – wie es dem Sinnhorizont des Wortes entsprechen würde – mit Seele, mit *Eigen*leben erfüllt ist. Die ‚beseelten Bewegungen der flüssigen Formen der Elemente' lesen sich vielmehr in dem Sinne als *be*-seelt, dass sie sozusagen *be*-menscht, mit Menschen versehen sind, etwa wie wenn ein Gefährt mit Gütern *be*-laden ist. Ansonsten ließen sie sich auch gar nicht zu einem messbaren, faktenartig repräsentierbaren Gegenstand machen. Insofern verwundert es nicht, dass gerade die Textpassagen, in denen sich nicht mehr die von Ritter verspürte Notwendigkeitslage der Geographie andeutet, sondern in denen Ritter sein auf Empirisierbarkeit fixiertes ‚neues' Geographieverständnis umzusetzen sucht, die ‚unbeseeltesten' Stellen seines eigenen Textes sind – und das heißt hier: Stellen, denen es an Bewegtheit und Lebendigkeit, die Ritter doch eigentlich so wichtig sind, gerade ermangelt. Da bekommt sein Text selber einen unlebendigen, aufzählenden und dadurch auseinanderfallenden Charakter. Auch wenn Ritters Rhetorik dahin geht, sich zum „Causal*zusammenhange*" (156, Hervorhebung B.Z.) zu „erheben" (ebd.). Und auch wenn Ritter glaubt, ein Ganzes, Zusammenhaltendes – statt Summarisches, Sich-Verlierendes – auch dadurch gewährleistet zu haben, dass sich ‚seine' Geographie nicht mehr der „gesonderten Betrachtung isolirter örtlicher Einzelheiten" (156) widmet, sondern (wie eben zum Beispiel in der Form einer Betrachtung *weltweiter* Verkehrsbewegungen) den „ganzen Erdball" (156) zum „Object ihrer Aufgabe" (156) macht – wobei diese ‚Ganze' des Erdballs für ihn an den Fortschrittsgedanken geknüpft ist. In dieser Verknüpfung des ‚Ganzen' mit dem Fortschrittsgedanken liegt ja auch Ritters Tendenz, alles „in Beziehung auf Hemmung oder Contakt […], hinauf bis zum gesteigertesten Völker- und Handelsverkehr" (166) zu betrachten – was für ihn bedeutet, der „Entdeckung [...] des ganzen Erdballs in allen seinen Teilen" (156) nachzukommen. Und so kommt es auch, dass Ritter darüber nachdenkt, wie sich denn die sich in dieser Hinsicht stark verändernden „Gesammtverhältnisse der tellurischen Seite der Erde" (162) – zu denen er, wie gesagt, auch „das Gesammtleben der Völker" (173) zählt – *graphisch* darstellen lassen könnten, wie der folgende Absatz zeigt:

Es besteht also auch eine andere tellurische Physik für die alte, eine andere für die neue Zeit, und wenn wir für jene und das Mittelalter wirklich den *Orbis Terrarum* mit seinen gelegentlichen Erweiterungen nach den wirklichen Raumdistanzen und den Arealflächen mathematisch genau verzeichnen, so müßten wir für diese, die neuere Zeit, außer jener richtigen Angabe der Raumverhältnisse, auch noch die Kunst der Graphik für die gleichrichtige Eintragung der Zeitverhältnisse erfinden, in denen diese Räume wirklich erreicht und durchschnitten werden können und gegenseitig in den wahrhaft lebendigen Verkehr treten, sei es durch physikalische oder beseelte Bewegungen. Oder wir müßten es verstehen, die Combination von beiden zu einem Totalbilde zu vereinen, etwa durch mehrere durchsichtige, übereinander hingleitende, hin und her verschiebbare Globularscheiben, oder durch partikuläre Ortsverrückungen, oder durch andere Hülfsmittel.
Wie würden aber dann die einen Räume schwinden, die andern sich ausdehnen, die Höhen sinken, die Uebergänge sich mehren [...]. (179f.)

Die Lebendigkeit der lebendigen statt ‚leblosen' oder ‚totgeborenen' Geographie, für die Ritter auf so plastische Weise eintritt, scheint für Ritter somit schon dadurch garantiert zu sein, dass Prozesse und somit Veränderungen in den Blick genommen werden: ständige Veränderungen aufgrund von (bis zur „[Vollendung des] tellurischen Erdrings", 174) ständig ablaufenden, durch sein ‚historisches Element' vorangetriebenen

Vorgängen, die wie von außen – und als ‚positive Wahrheiten' – beobachtet werden zu können scheinen, etwa die Überwindung von (Höhen-)Hindernissen oder die Verkehrsbewegungen mit ihren messbaren Fahrtzeiten. Zwar scheint sich Ritter von „dem Schein von positiven Wahrheiten" (180), wie er sagt, absetzen zu wollen, wenn er darauf hinweist, dass die mathematisch bestimmbaren Raumdistanzen noch nichts darüber aussagen, in welcher Zeit die „Räume *wirklich* erreicht" (ebd., Hervorhebung B.Z.) werden können (und dies veranlasst ihn ja auch, davon zu sprechen, dass manche ‚Räume schwinden' würden, wenn man diesen Aspekt mitberücksichtigte). Doch das ‚wirkliche Erreichen' bleibt ihm auch nur eine positive, auf Beobachtungen beziehungsweise Messdaten basierende Wahrheit (die in Form von Fahrtzeiten konkret angebbar ist). Und jegliche Verkehrsbeziehung ist für ihn ein „in die Berührung treten".[42] Für ihn gibt es allenfalls die Unterscheidung zwischen einem bloß einmaligen Entdecken oder Berühren und einem dauerhaften Erreichen, also eine Unterscheidung, die sich an einer Häufigkeit beziehungsweise Frequenz festmacht.[43] Dass jedoch nicht alles, mit dem man, ob einmalig oder mehrfach, ‚in Berührung' kommt, einen auch in dem Sinne berührt, dass es einen *bewegt* (oder gar *rührt*) und nachhaltig verändert, und dass nicht alles, was einen Menschen auf irgendeinem Wege erreicht, ihn auch ‚wirklich erreicht' (wie zum Beispiel jeder weiß, der die Erfahrung kennt, dass ein anderer die Bedeutung oder Tragweite dessen, was man zu ihm sagt, nicht versteht), dass es also ein tieferes Verständnis von ‚Berühren' oder ‚Erreichen' gibt, das sich nicht als ein *‚bloß verkehrsmäßiges'*, sondern eher als ein *‚wirk-*

liches' im genuinen Sinne beschreiben lässt –[44] das spielt in dieser Logik Ritters, in dieser Logik der Planetenstellen keine Rolle. Es kann keine Rolle spielen, weil Ritter dabei – trotz seines Anspruchs, eine Geographie ins Leben zu rufen, die einen eigenen Keim der Entfaltung hat und auch „auf [diesen] Kern" (158) arbeitet, wie er sagt – nicht genuin geschichtlich, sondern zu historisch denkt: zu sehr historisch geprägt und zu sehr fixiert auf das, was ihm sein empirisierbares historisches Element ist.[45] Und sein Schreiben verhält sich entsprechend. Deswegen lässt sich auch sagen, dass sich in Ritters Text in einigen Formulierungen zwar die Möglichkeit des in Frage stehenden geographischen Tuns andeutet (wie gesagt: eines geographischen Tuns, in dessen schreibendem Vollzug sich ein Wandel ereignet, der auf tragfähige Weise Zukunft hat und der auf diese Weise tragfähige, Zukunft habende irdische Verhältnisse zu fördern vermag), aber dass diese Möglichkeit in seinem Text auch wieder abtaucht.

8

Trotzdem lässt sich natürlich sagen, dass Ritters Sprache Begrifflichkeiten oder Formulierungen enthält, die sich dafür *eignen*, die von ihm selbst noch nicht gesehene Möglichkeit geographischen Schreibens *aufzudecken*. Zumal diese sich nicht immer – oder nicht immer in Gänze – in eine Logik der Planetenstellen einpassen lassen. So fällt zum Beispiel auf, dass in Ritters Text vom ‚Wirklichen' und von ‚Berührung' ja auch noch in einer Weise die Rede war, die der Besinnung

lohnt, wenn es in Hinblick auf die in Frage stehende
Möglichkeit eines leitwissenschaftlichen geographischen Arbeitens weiterzukommen gilt. Da nämlich, wo
Ritter zum Beispiel von einer „wirkliche[n] Lehre"
(153) im Sinne einer „ächte[n] Lehre" (156) spricht,
die die Geographie zu sein habe, und da, wo er von der
Notwendigkeit einer geographischen Wissenschaft
spricht, die, indem sie eben nicht „des eignen Keimes
der Entfaltung ermangelt, auch andere Wissenschaften,
oder das Leben selbst, [zu] befruchten oder berühren" (156) vermag. Mit anderen Worten: Da, wo sich
in der Sprache seines Textes die Möglichkeit von
etwas andeutet, was man eine *genuine Geographie*
nennen könnte – ‚genuin' nicht nur im Sinne von wirklich, echt, authentisch, eigentlich („wirkliche Lehre",
„echte Lehre", „das eigentliche Wesen"), sondern ‚genuin' *zugleich* auch in Hinblick auf die bereits erwähnte etymologische Verwandtschaft des Wortes mit dem
lateinischen *gignere*: erzeugen, hervorbringen, gebären
oder (in passivischer Verwendung) entstehen, also in
Hinblick auf eine fruchtende, hervorbringende, entstehen lassende Qualität des Geographischen, durch
die So-noch-nicht-Gesehenes beziehungsweise So-
noch-nicht-Geschehenes in die Welt kommt (statt dass
die Geographie repräsentationalistisch arbeiten würde,
wie es bis heute in der Geographie vorherrschend ist).
Nimmt man diese verschiedenen Sinnschichten von
‚genuin' *zusammen*, so bedeutet ‚genuine Geographie'
eine Geographie, die So-noch-nicht-Gesehenes oder
-Geschehenes auf eine authentische, immer eigentliche, eigene Weise hervorbringt (oder anders gesagt:
zur Darstellung kommen *lässt*), das heißt so, dass sie
sich im Zuge dieses Hervorbringens (Zur-Darstellung-

kommen-Lassens) davon leiten lässt, wie sie selbst, *aus sich heraus,* sein kann. Und dies heißt wiederum: so, dass sie sich in eins mit dem Hervorbringen auch selbst immer wieder neu entfaltet, sich selbst immer wieder neu zur Darstellung bringt und sich somit *vollzieht.*

Es handelt sich dann bei einer genuinen Geographie um eine Geo*graphie,* die nicht deswegen so schreibt, wie sie schreibt, weil man gerade (,historisch') mit bestimmten Begrifflichkeiten ,verkehrsmäßig' oder modehalber in Berührung gekommen ist beziehungsweise weil man in bestimmten Diskursen *verkehrt* (das wäre wieder als ein *bloß verkehrsmäßiges* Berühren oder Erreichen zu verstehen, das ich oben von einem *wirklichen* Berühren oder Erreichen im genuinen Sinne unterschieden habe). Erst recht kann sie keine Geographie sein, die so schreibt, wie sie schreibt, weil sie sich an dem orientierte, was irgendwo vorläge beziehungsweise vor- oder festgeschrieben wäre – denn dann wäre das, was sie betrachtete oder produzierte, immer schon veraltet beziehungsweise bloße Reproduktion und sicherlich nicht genuin. Genausowenig kann es sich aber um eine Geographie handeln, die sich allein um des Neuen willen in irgendetwas Neues, Verändertes hinein *verliert* und somit keinen Bezug zu sich selbst wahrt, oder die als Medium alleinig so gesehen werden könnte, als würde sie sich unweigerlich in etwas völlig Neues, in eine durch sie selbst veränderte Welt hinein *verlieren* –[46] denn in diesen Fällen könnte man nicht davon sprechen, dass die Geographie *sich* vollzieht; jegliche geographische Identität würde sich auflösen in ein permanentes Veränderungsgeschehen, das von keiner eigenen Notwendigkeit getragen oder geleitet wäre, das also nicht genuin geschichtlich wäre. Vielmehr muss eine genuine Geographie eine Geographie sein, die deswegen so genuin schreibt, wie sie schreibt, weil sie aus sich selbst heraus den Zug hat, der Fülle ihrer Möglichkeiten, und zwar auch ihrer bisher noch nicht realisierten Möglichkeiten, *gerecht* zu werden. Oder anders gesagt: weil es in den geographischen Verhältnissen selbst – zu denen eben auch die Sprache der Geographen gehört – die Möglichkeit und Notwendigkeit gibt, Geographie derart wieder neu präsent werden zu lassen. So, dass sie sich auf eine Weise ‚neu' hervorbringt, die notwendig aus ihr selbst erwächst und daher mit *Eigenleben* erfüllt (und in diesem Sinne ‚beseelt') ist und die sich somit auch nicht nach den Maßgaben einer „Aufeinanderfolge des Nacheinander" (152) und einer entsprechenden ‚kausalen' Temporalität beschreiben lässt.

Das bedeutet aber, dass eine genuine Geographie eine Geographie sein muss, die *ständig* aus der Lage *ihrer* Notwendigkeit, das heißt aus ihrer eigenen Notwendigkeitslage, aus ihrem eigenen *irdischen In-der-Lage-Sein* heraus schreibt – *also so, wie es auch für die in Frage stehende Form geographischen Arbeitens notwendig ist*, die ja, wie bereits gesagt, nicht bloß *über* irdische Notwendigkeitslagen schreiben kann.[47] Und dies bedeutet wiederum, dass es eine genuine Geographie – *wie* eben die in Frage stehende Form geographischen Arbeitens, eine ‚Leit- und Zukunftswissenschaft Geographie' – dann geben kann, wenn wir uns nicht nur im Zuge von anspruchsvollen Erfahrungen im Gelände beziehungsweise Feld, sondern *auch* im Geschehen des Schreibens und Lesens – und

somit im Geschehen des Texte-Bildens – von ‚etwas'
berühren und angehen lassen, das sich eben nicht in
Form ‚positiver Wahrheiten' fassen lässt, sondern das
uns in ‚negativer' Weise, als etwas noch Unrealisier-
tes, noch Ungedachtes, aber irgendwie bereits Mit-
schwingendes und Einzubindendes angeht und nötigt
(so, dass sich der Text gewissermaßen selbst zu schreiben beziehungsweise zu bilden beginnt). Wie in den
oben beschriebenen, in den vielschichtigen und übergänglichen Naturgebilden der Erde situierten Praktiken, in denen sich genuine Mensch-Erdnatur-Verhältnisse dadurch ereignen können, dass etwas spürbar
wird, das sich etablierten Zugangsweisen oder Kategorisierungen entzieht und das sich auch gar nicht konkret greifen lassen mag, dem gerecht zu werden man
sich aber aufgrund seines eigenen In-der-Lage-Seins
genötigt fühlt.[48] Auch ein genuin geographisches Schreiben wird sich von dem Gefühl leiten lassen müssen,
dass man seiner Sache, so wie sie einen herausfordert,
bisher noch nicht gerecht geworden ist, dass man also
hinter den Möglichkeiten und Notwendigkeiten bisher
noch zurückgeblieben ist, weil sich im eigenen In-der-
Lage-Sein (eben auch geographischen Schreibens)
mehr miteinander verflechtet und fällig ist, als bisher
schon verwirklicht wurde. Es liegt gewissermaßen in
der Natur einer genuinen Geographie, dass von einem
selbst bisher noch nicht Be- und Gedachtes, aber Fälliges einbezogen, eingebunden, „wirklich mit eingeflochten" (161) werden will (womit ich wieder eine
Formulierung Ritters aufgreife, der diese aber freilich
in einer Logik der Planetenstellen verwendet). Wie
es – mit Aristoteles gesprochen – in der *Natur* des
Menschen liegt, *wissen* zu wollen,[49] oder, wie man

auch sagen könnte: in das Bild, in dem man sich bereits befindet, kommen zu wollen, oder eben auch: aus einem eigenen In-der-Lage-Sein heraus (sich) bilden zu wollen, Gestaltung, Form finden zu wollen.

Dass all dies tatsächlich in der *Natur* des Menschen liegt, lässt sich dabei auch aus den folgenden Erfahrungen sagen:

Zum einen aus der Erfahrung (auch meiner eigenen), dass es einen bis in den Schlaf hinein verfolgen kann, wenn eine Verwirklichung solcher genuin geschichtlichen (Wissens-)Bildungsprozesse beziehungsweise Einflechtungs- und Formungsprozesse für einen selbst fällig, notwendig ist. Ja oft ist es sogar so, dass einem die dafür entscheidenden Einfälle entweder nach dem berühmten ‚Überschlafen‘ der Problemlage oder ‚wie von selbst‘ gerade dann kommen, wenn man beim Einschlafen – oder in einer Art Zwischenzustand zwischen Schlaf und Wachsein – ist. Wobei dies stets *nach* einer längeren, oft genug auch aussichtslos erscheinenden Phase des gedanklichen und schriftlichen Durchlebens verschiedener Möglichkeiten geschieht, in der alles reiflich hin und her gewendet wurde.

Und *zum anderen* aus der Erfahrung (ebenfalls auch meiner eigenen), dass einem *auf eine existenzielle Weise etwas fehlen* kann, wenn die Umstände so sind, dass es zu derartigen genuin geschichtlichen Gescheh- beziehungsweise Ereignissen gar nicht mehr kommt oder kommen kann, weil einen das, was einen erreicht – über Prozesse des Verkehrs, des In-Umlauf-Bringens, der Kommunikation –, nicht wirklich erreicht, nicht genuin berührt. Sei es, weil es einem belanglos erscheint, oder rein assoziativ oder willkürlich – und somit nicht von einer echtem Frage, einem Anspruch, einer Notwendigkeit geleitet –, oder/und weil es einem bloß summarisch, auseinanderfallend, ohne notwendigen Zusammenhang, ohne Verbindlichkeit und ‚ungewachsen' daherkommt. Kurz: Wenn es in dem, was auf einen einströmt, zu wenig *ums Ganze geht* (wie man im Deutschen so trefflich sagt) und wenn somit das, was – an einem Ort, in einer Situation, in einem Text – zusammenkommt, nicht als Ganzes und *in* einem genuin geschichtlichen Geschehen (und *als* dieses) Form finden kann. Wie einem eben auch auf eine existenzielle Weise etwas fehlen kann, wenn man – in der Wissenschaft, in der Schule oder wo auch immer – mit bloßen Aufzählungen der „positiven Einzelheiten des gleichzeitigen Nebeneinander, oder Aufeinanderfolge des Nacheinander" (152) gelangweilt wird (um nochmals auf Formulierungen Ritters zurückzugreifen) – oder wenn man mit reinen „*Mach*werke[n]" (153, Hervorhebung B.Z.) konfrontiert wird, deren Konstruiertheit sich einem geradezu aufdrängt. In solchen Fällen wird ja nicht nur versäumt, „die ernste Wissenschaft [auch] nur einigermaßen [zu] befriedigen" (154), sondern die ‚Befriedigung' wird dann im Grunde jedem versagt, der *wirklich* berührt werden will, also sein Verständnis dessen, *wie* uns unsere Welt ist und sein kann, immer wieder neu erweitern, *wachsen* lassen will. Gäbe es dieses Bedürfnis des Menschen nicht, gäbe es ja zum Beispiel keinerlei Grund Werke – seien sie solche der Kunst oder der Wissenschaft – als wirklich *gelungene* Werke empfinden zu können. Und in *diesem* Sinne als wahre Kunstwerke beziehungsweise als wahre wissenschaftliche Werke. Auch wenn sie unter Umständen erst einmal irgendwie verstörend wirken mögen – während sie für den oder die Hervorbringende(n) solcher gelingenden Werke nichts als eine gelebte Notwendigkeit sind.

Vor *diesem* Hintergrund liest sich Ritters passagenweise so beseelt geschriebene Kritik an den für ihn unzureichenden, ihr „eigentliche[s] Wesen" (154) verfehlenden und somit *ihr Unwesen treibenden* ‚Geographien' der damaligen Zeit weniger als Ausdruck konkreter ‚Diskurse' unter den Gebildeten der damaligen Zeit (in denen Ritter selbstverständlich auch gesteckt hat), sondern vielmehr als Ausdruck eines im Grunde kontextübergreifenden, existenziellen Bedürfnisses des Menschen. Eines Bedürfnisses, das sich natürlich dann verstärkt bemerkbar machen kann, wenn man, wie Ritter damals, mit einer zunehmenden Fülle von Daten „positive[r] Einzelheiten" (152) konfrontiert wird, die ‚verkehrsmäßig' – und eben *bloß* verkehrsmäßig, also ohne einen (zunächst) *wirklich* zu erreichen – aus aller Welt auf einen einströmen. Denn was Ritter mit den bereits zitierten Worten beschreibt: „Was früher nicht vorhanden schien, tritt hierdurch [durch die Aktivitäten des Menschen als „historischem Element"] im Dasein hervor; was früherhin fern lag und unerreichbar, tritt nun näher in die Berührung, ja in den Bereich des täglichen Verkehrs" (160) – das gilt natürlich so oder ähnlich *auch* in Bezug auf das Datenmaterial, das Ritter – als jemand, der das sich gerade erst in Entstehung befindliche universitäre Fach Geographie lehren soll und will –, in eine sinnvolle Ordnung zu bringen sich genötigt fühlt. Man könnte daher sagen, dass einen das Überhäuftwerden mit ‚positiven Einzelheiten' – oder auch bloß Zusammenkonstruiertem – auf unausdrückliche Weise ein Abgespaltensein von den eigenen irdischen (Notwendigkeits-)Lagen *spüren* lassen kann, eine *Zugangslosigkeit* zu einem solchen, für einen selbst *eigentlich* not-wendigen irdischen In-der-Lage-Sein, aus dem heraus es sich, wie es unserer Natur eigentlich entspricht, genuin geschichtlich sein und unser Verständnis dessen, wie uns unsere Welt ist und sein kann, erweitern lässt. Ritter könnte es so ergangen sein. Nur dass er noch nicht in der Lage war, die gerade skizzierten, durch das ‚historische Element' vorangetriebenen Umstände seiner Zeit als Umstände, die eine solche Zugangslosigkeit fördern, zu verstehen,[50] geschweige denn, sein Verständnis von einer ‚wirklichen Lehre' beziehungsweise von einem ‚eigentlichen Wesen' der Geographie in dieser Hinsicht zu revidieren.

Denn eine *genuine* ‚wirkliche', ‚echte', ihr ‚eigentliches Wesen' nicht verfehlende, sondern vielmehr vollziehende Geographie ist nicht so zu verstehen, dass sie eine *feststehende* „wahre Bedeutung" (159) *hätte* oder überhaupt haben könnte (wie in einer korrespondenztheoretischen Wahrheitsvorstellung). Sie ist vielmehr eine Geographie, die sich *als gelingende Geographie* in Form eines Wahrheits*geschehens* ereignet. Sie ist eine Geographie, in der sich das, *wie* Geographie wahrhaft (oder anders gesagt: genuin) sein kann – und das heißt auch: welche Möglichkeiten sie birgt –, auf eine uns existenziell angehende und berührende Weise aus einer Notwendigkeit(slage) heraus überhaupt erst oder wieder neu zur Darstellung, in die Unverborgenheit bringt.[51] So, dass *auf diese Weise* ein „wahrer Gewinn daraus hervorgehen kann" (156, Hervorhebung B.Z.) – um wieder auf eine Formulierung Ritters zurückzugreifen.

Aber *dieser* ‚wahre Gewinn', dieser *wirklich* (nämlich im genuinen Sinne) *wahre* Gewinn, besteht dann –

eben anders, als in Ritters Logik der Planetenstellen –
nicht darin, einen „wissenschaftliche[n] Fortschritt"
(156) zu erreichen in Hinblick auf die Bemühung,
„vom Element bis zum vollendeten Umriß des Ganzen" (ebd.) einen Zusammenhang, ja gar einen Kausalzusammenhang[52] herzustellen (eine Bemühung, die
sich in ähnlicher Weise auch in der heutigen, Mensch
und Natur einbegreifen wollenden Erdsystemforschung
wiederfindet, selbst wenn diese sich durch den Einbe-
zug komplexitätstheoretischer Ansätze von einer Ur-
sache-Wirkungs-Logik abzusetzen sucht). Dass aus
einer genuinen Geographie, aus einer sich genuin
schreibenden Geographie ein wahrer Gewinn hervorgehen kann, bedeutet nun vielmehr, dass sich auf eine
nie zu vollendende Weise *mit ihr etwas anfangen
lässt* – in dem im Folgenden noch näher zu erläutern-
den Sinne.

9

Dass eine genuine Geographie „*so ist, dass sich mit ihr
etwas anfangen lässt*', heißt hier gewiss nicht, dass sie
so sei, dass es etwas ganz Konkretes nützt, dass man
sie irgendwo in ganz pragmatischen Zusammenhängen
gebrauchen kann – wie zum Beispiel eine repräsenta-
tionalistische Darstellung mit Informationen darüber,
wo etwas liegt oder wie lange man mit einem bestimmten Verkehrsmittel braucht, um von A nach B zu
kommen. Darauf würde sich der Sinn dieser Formulierung in einer Logik der Planetenstellen beschränken
(was übrigens auch deswegen ein interessanter Umstand ist, als es ein schon lange bestehender, immer

wieder auftauchender Topos ist, dass die Funktion geographischer ‚Bildung' *alleinig* in der Bereitstellung beziehungsweise Vermittlung solchen konkret nützlichen Wissens liege – womit Geographie allenfalls als ein mehr oder minder oberflächliches Schulfach, nicht aber als universitäre Disziplin legitimiert wäre)[53].

In dem Zusammenhang einer genuinen Geographie ist der Sinn des Satzes, dass die Geographie so sei, dass sich mit ihr etwas anfangen lässt, aber *‚anfänglicher'* zu lesen – wie sich in zweierlei Hinsicht sagen lässt (auch wenn man üblicherweise das Wort ‚anfänglich' nicht steigert): *Zum einen* geht es um eine *anfänglichere* Lesart in dem Sinne, dass in ihr die Qualität eines *Anfangs* nicht ausgeblendet oder zur Nebensache wird (wie in der gerade vorgestellten pragmatischen Lesart), sondern vielmehr in den Vordergrund des Erlebens rückt. In dieser Hinsicht soll mit dem genannten Satz dann gesagt sein, dass die Geographie dann so ist, dass sich – für die ‚Produzenten' *wie* ‚Rezipienten' – immer wieder neu eine Zäsur, ein Innehalten, ein *wieder neuer Anfang* ergibt, dass sich ein genuin geschichtlicher Wandel vollzieht, wie es auch in jedem wahrhaft tragfähigen Bildungsgeschehen, in jedem wirklichen Verstehensprozess, in jedem Wachsen eines Know-hows der Fall ist. Dies nenne ich den zäsurartigen Aspekt der Anfänglichkeit einer genuinen Geographie.[54] *Zum anderen und zugleich* soll mit dem Satz aber auch gesagt sein, dass die Geographie dann so ist, dass das, was sie hervorbringt, *‚anfänglicher' ist als das, von dem ausgegangen wurde*, weil es sich aus einer Sphäre bereichern lässt, in der die Welt noch nicht durch bestimmte (kulturell etablierte) Kategorien oder Zugangsweisen *zerteilt* und diesen Rastern gemäß vorgezeichnet ist. Denn wie gesagt: Das einen selbst Nötigende der irdischen Notwendigkeitslagen hängt ja gerade damit zusammen, dass etwas zur Darstellung kommen will, das – aus dem eigenen irdischen In-der-Lage-Sein heraus – als sich etablierten Kategorien oder Zugangsweisen und somit bestimmten Auf- oder Zerteilungsrastern *entziehend* erlebt wird. Weil dann eine Sphäre ins Spiel kommt, die solchen Zerteilungen vorgängig ist, spreche ich in diesem Zusammenhang auch von dem zerteilungsvorgängigen Aspekt der Anfänglichkeit genuiner Geographie.[55]

Bei dem in Frage stehenden genuin geographischen Arbeiten muss es sich somit um ein Schreiben handeln, das im Schreiben selbst – aufgrund und anhand der Sprache, in der sich die Geographie bereits bewegt – immer wieder neu derartige (zäsurartige und zerteilungsvorgängige) Anfänglichkeiten hervorbringen und zugleich ermöglichen kann. Je häufiger beziehungsweise vielschichtiger dies in einem Text oder Werk wirklich gelingen würde, desto höher wäre gewissermaßen der Grad, oder besser: die *Potenz* seiner Anfänglichkeit, und desto größer wäre zugleich auch das, was man seine ‚genuin geographische Dichte‘ nennen könnte.

Aber was heißt dies nun genau, dass ein genuin geographisches Schreiben immer wieder neu derartige zäsurartige und zerteilungsvorgängige Anfänglichkeiten hervorbringt und ermöglicht? Es bedeutet *zum einen* (in Hinblick auf den *zäsurartigen* Aspekt der Anfänglichkeit), dass es sich um eine Form des Schreibens handelt, der es immer wieder neu gelingt, uns zu ausgewählten Worten oder Formulierungen der geographischen Sprache in Form einer textlichen Bewegung *wieder neu ins Verhältnis zu setzen*, uns gegenüber diesen wieder ganz wach werden zu lassen. So, dass wir diese Worte oder Formulierungen quasi *wie zum ersten Mal* lesen können, dass wir wie zum ersten Mal die Chance erleben, bisher übersehene Sinnschichten und so auch bisher übersehene Tragweiten und Tragfähigkeiten dieser mitunter schon unzählige Male verwendeten oder gelesenen Worte oder Formulierungen zu verstehen. Dass dies möglich ist, zeigt der vorliegende Text selbst: Die Weise, wie ich einige Formulierungen rezenter Diskurse im Fach Geographie sowie verschiedenste Formulierungen Ritters und deren bisher gewohnte oder zunächst naheliegende Lesarten aufgegriffen habe, um sie auf mitunter ganz eigentümlich erscheinende, aber durchaus nicht beliebige, sondern den Gedankengang weiter bringende Lesarten zu wenden, entspricht einem solchen Wachwerden für Möglichkeiten, die in der Sprache liegen und sich durch diese vermitteln. Und dieses Wachwerden bedeutet insofern immer eine Zäsur, weil die sich neu eröffnenden Sinnschichten fortan mitschwingen werden und weil es unser Denken vielschichtiger, differenzierter, nuancierter werden lässt. Wie zum Beispiel der vorliegende Text uns differenzierter werden lassen kann, indem er – und *wie* er – uns unter anderem erfahren lässt, dass die Rede von einer Leitwissenschaft oder Zukunftswissenschaft Geographie auch ganz anders verstanden werden, ja vielleicht sogar viel ernster genommen werden kann, als es im Fach selbst bisher der Fall war. Oder indem er – und *wie* er – aufdeckt, dass das Sprechen von ‚eigentlichen‘ oder ‚genuinen Mensch-Natur-Verhältnis-

sen' oder von einer ‚genuinen Geographie' (beziehungsweise von einer ‚echten' oder ‚wirklichen' Lehre oder
einem ‚eigentlichen Wesen' der Geographie) in keinster
Weise bedeuten muss, wie gemeinhin befürchtet, einem Essentialismus verfallen zu sein (im Sinne einer
Fixierung auf eine unveränderliche, ewigwährende
essentia), weil es, ganz gegenteilig, ein ständiges
Wachsein und Im-Wandel-Sein berücksichtigt und
verlangt. Oder indem er und wie er aufdeckt, dass es
durchaus seinen guten Sinn haben kann, über das Wort
‚irdisch' nachzusinnen und bisher noch nicht gesehene, aber eben doch wirksam werden könnende Bedeu-
tungsschichten dieses Wortes in das bisherige Verständnis zu integrieren, und dass ein ‚Wandel auf Erden' ganz anders zu verstehen sein kann, als es derzeit
in der Geographie und in anderen erdbezogenen Forschungsprogrammen aufgrund der in ihnen vorherrschenden Logik der Planetenstellen der Fall ist. Derartige Aufdeckungen muss eine genuine Geographie,
um genuin und lebendig zu bleiben, immer wieder neu
vollziehen (wobei sich diese Aufdeckungen natürlich,
wie im vorliegenden Text auch, mit- und ineinander
verflochten *er*geben, statt dass sie programmartig
nacheinander abgearbeitet werden könnten). Sie wird
also in ihrem Neu-Lesen und Schreiben immer wieder
neu zäsurartige Anfänge hervorbringen, wird die ‚Keime' der Sprache, in der sich Geographen wahrhaft
bewegen können und die der Geographie selbst
Eigenleben verleihen können, immer wieder neu zur
Entfaltung bringen.

Freilich ist der Umgang mit den sprachlichen Materialien der eigenen Tradition dann, anders als ansonsten üblich, kein ‚kulturalistischer'. Er zielt also weder

darauf, diese Materialien in ihren jeweiligen historisch-kulturellen Kontext (unter Umständen auch mit darin vorkommenden widerstreitenden Positionen oder Tendenzen) einzuordnen, noch darauf, in diesen Materialien bestehende Positionen, Ansätze oder Perspektiven der heutigen Zeit wiederzufinden. Die *Eigen*artigkeit der Weise des Umgangs mit den Materialien liegt vielmehr darin, dass anhand dieser Materialien – und durch das, womit die Sprache dieser Materialien selbst resoniert, durch Sinnschichten, die die Sprache selbst ins Spiel zu bringen vermag – noch *Ungedachtes* aufgedeckt werden soll. Ein noch Ungedachtes, das uns anzugehen und zu verändern vermag, weil es uns *als Irdische* betrifft.

Zum anderen und zugleich heißt das Hervorbringen von Anfänglichkeiten einer genuinen Geographie, dass das genuin geographische Schreiben uns durch das Aufdecken eines Ungedachten in Verhältnisse hineinleitet, die sowohl inhaltlich als auch von ihrer Form her anfänglicher im Sinne des *zerteilungsvorgängigen* Aspektes von Anfänglichkeit sind. Das bedeutet, dass es sich um ein Schreiben handelt, das – wie der vorliegende Text – in Inhalt und Form Verhältnisse erschließt und zur Darstellung bringt, die sich weniger auf bereits bestimmten vorgegebenen und festgefahrenen Bahnen und weniger in vorgegebenen Kategorisierungen bewegen als die herkömmlichen Selbstverständlichkeiten, Herangehensweisen und Lesarten der Materialien, von denen der entstehende Text seinen Ausgang nimmt, und das genau deswegen auch genuiner, *trag*fähiger, zukunftsfähiger ist (zukunftsfähiger im Sinne des Zukunft-Habens, wie ich es in Kapitel 6 skizziert habe). Das Erschließen zerteilungsvorgängiger Verhältnisse ist dabei sicherlich nicht bloß mit der Einnahme einer kritischen Position gegenüber Perspektiven gleichzusetzen, die die Welt in Raum und Zeit, in Natur und Kultur, in eine Abfolge von Zeitpunkten, in Ursache und Wirkung, in ein aktives Tun und ein passives Erleiden oder ähnlich *zerlegen* – auch wenn der vorliegende Text zeigt, dass eine genuine Geographie eine kritische Auseinandersetzung mit derartigen Perspektiven *involvieren* kann und auch *muss*, weil ein Verharren in ihnen die Möglichkeit einer genuinen Geographie in die Ferne rücken lässt (wie es zum Beispiel im und durch das Fortschrittsdenken Ritters der Fall ist, in dem der Mensch zum aktiven Verursacher all der Umgestaltungen der ,Planetenstellen' beziehungsweise der ,Natur des Planeten' stilisiert wird. Kehrseite *derselben* Medaille ist übrigens, dass Ritter den „Anfang der Menschengeschichten" (165) als eine Zeit interpretiert, in denen der Mensch noch den „unmittelbar bedingenden Fesseln der Natur und ihres Wohnortes" (165) unterlag. Mit einer genuinen Anfänglichkeit hat ein *solcher* ,Anfang der Menschengeschichten' freilich nichts zu tun). Mit dem Erschließen zerteilungsvorgängigerer Verhältnisse ist auch nicht gemeint, dass jegliche Unterschiede aufgelöst würden, als wäre alles gleich – oder alternativ: ohnehin alles eine einzige, *sich verlierende* Bewegung der *différance*. Auch im vorliegenden Text wurde ja etwa der Unterschied zwischen Natur und Kultur nicht aufgelöst. Das Erschließen zerteilungsvorgängiger Verhältnisse heißt vielmehr, dass im Zuge des Schreibens Inhalte *und* Formen hervorgebracht werden, die sich bestehenden Kategorisierungen und Rastern entziehen und die auch in sich nicht rasterartig – auf

„todtgeborne" (156) Weise – gestaltet sind oder sich sonstwie in ein Getrenntes, summarisch Gehaltenes oder bloß Nebeneinanderliegendes verlieren, sondern in denen sich verschiedenste Seinsweisen oder Seinsebenen des Irdischen (der Natur, der Kultur, der Wissenschaft, der Kunst, der Bildung et cetera) auf eine organisch anmutende, lebendige Weise noch wirklich und in verdichteter Weise miteinander verflechten und gegenseitig zur Darstellung bringen können. So, dass im Schreiben – wie in der möglichst offenen, also nicht nur auf einen bestimmten Teilaspekt beschränkten Erkundung eines Geländes oder Felds – ein nie zu vollendendes, immer offen bleibendes *Ganzes* (statt Sich-Verlierendes) entsteht, in dem sich eine wachsende Fülle des Irdischen zur Darstellung bringt. Und diese im Schreiben entstehende Ganzheit ergibt sich dann eben nicht aus einem (angeblichen) Kausalzusammenhang oder weil Verschiedenes *bloß verkehrsmäßig* miteinander in Berührung gekommen wäre (was in diesem Fall dann zum Beispiel heißen könnte: weil man über Prozesse des In-Umlauf-Seins, der Kommunikation, des Aufeinandertreffens an bestimmten Orten zu bestimmten Zeitpunkten von etwas gehört oder gelesen hat, das man an bestimmten Stellen dann halt auch mal loswerden will; oder: weil bestimmte Worte bestimmte Assoziationen hervorrufen, die man, ohne sich zu besinnen, ohne weiteres Bedenken, einfach niederschreibt). Sondern vielmehr deswegen, weil man sich im Zuge des Hervorbringens immer wieder neu vom Negativen, von dem Noch-nicht leiten lässt, das die Lagen *irdischer* Notwendigkeit ausmacht und das immer wieder neu Grund gibt – und zwar eine Art *negativen Grund*, einen *Abgrund* –, die momentane

Lage und die Sprache beziehungsweise Textformen dieser Lage wieder anfänglicher und so zugleich genuiner und trag- und somit zukunftsfähiger werden zu *lassen*. (Alles, was einem zunächst bloß verkehrsmäßig begegnet, wird nur dann *wirklich* integriert, wenn es dieses Geschehen unterstützt.) Wie ja auch der vorliegende Text immer wieder neu aus einem solchen negativen, abgründigen Grund heraus gereift und gewachsen ist – einem ständigen Gewahrwerden des Noch-nicht-Bedachten und Noch-nicht-Gedachten, das aber bereits irgendwie *im Raume schwebt*, im eigenen irdischen In-der-Lage-Sein und in den sprachlichen Materialien als fällige, an der Zeit seiende Möglichkeit mitschwingt – und in diesem Zuge die Ritterschen Anfänge der Geographie ebenso wie heute in der Geographie vorherrschende Selbstverständnisse in anfänglichere und zugleich zukunftsfähigere geographische Verhältnisse wendet. Der *zusammenhängende* Charakter eines solchen Schreibens ergibt sich also aus nichts anderem als aus dieser sich von einem Negativen, von einem bisher übersehenen Noch-nicht (des irdischen In-der-Lage-Seins) immer wieder neu leiten lassenden Bewegung, in deren Zuge sich immer weitere Aspekte und sprachliche Elemente bisherigen geographischen Tuns wieder öffnen und in das genuin geschichtliche Geschehen einer genuinen Geographie hineinweben lassen – statt dass man sie in bereits feststehenden Bedeutungszusammenhängen verharren ließe und so eine ‚Erstarrung‘ der Geographie bewirkte (um wieder auf eine Formulierung Ritters zurückzugreifen). *So* also, aus derartigen genuin geschichtlichen Bewegungen einer genuinen Geographie – und *eben nicht* durch Beschreibungen des ‚historischen

Elementes' à la Ritter oder über die Erstellung eines Erdsystems – ergibt sich auf *genuine* Weise eine nicht auseinanderfallende, sondern Zusammenhänge oder Ganzheiten zur Darstellung bringende *Geographie*, nach der Vertreter der wissenschaftlichen Geographie (zumindest des deutschsprachigen Raumes) seit jeher gestrebt oder zumindest immer wieder lautstark zu streben behauptet haben.[56] Denn so – als ein anfängliches, *sich* bewegendes, lebendiges Feld; oder anders gesagt: als eine anfängliche, sich bewegende, lebendige Form – bringt sich Geographie zugleich auch selbst zur Darstellung.

Dabei ist dieses Sich-Zur-Darstellung-Bringen (oder auch: Zur-Darstellung-Kommen) natürlich nicht im Sinne eines repräsentationalistischen, abbildartigen und an die Vorstellung einer Abfolge von Zeitpunkten gebundenen Darstellungsmodells zu verstehen. Das Zur-Darstellung-Bringen ist vielmehr tatsächlich als ein *Zur*-Darstellung-Bringen zu lesen, und dies in zweierlei Hinsicht: Zum einen in dem Sinne, dass sich das Zur-Darstellung-Gebrachte gewissermaßen auch *zu* einer Darstellung *hinzu*bringt (wie im vorliegenden Text vor allem zu Ritters Abhandlung, aber auch zu jüngeren ‚Selbstdarstellungen' der Geographie). Dadurch wird der Geschehenscharakter des Zur-Darstellung-Bringens deutlich, der sich daraus ergibt, dass im Ausgang von zunächst scheinbar fraglosen Darstellungen ein noch Ungesagtes oder Ungedachtes, aber Fälliges präsent und zur Entfaltung gebracht wird. Zum anderen und zugleich kann das *Zur*-Darstellung-Bringen auch so gelesen werden, dass ein Zur-Darstellung-Gebrachtes auch als (immer vorläufig bleibendes) ‚Resultat' immer *mehr* ist als eine ‚reine' (sterile) Darstellung, weil in ihm ‚Keime‘, nämlich Keime der Entfaltung, oder besser gesagt: irdische Notwendigkeitslagen gewahrt werden – weswegen derartig entstehende Texte gewachsen und lebendig, ja mit Eigenleben erfüllt wirken und *aus sich heraus* immer weitere Aufgaben aufwerfen beziehungsweise bisher übersehene Tragweiten aufdecken können (wie in und mit dem vorliegenden Text selbst deutlich wird).

Dieses Aufdecken freilich bedeutet stets eine Form wahrhaft kritischer Erschließung von Verhältnissen, in denen man sich bereits befindet, und die nie zu einem Ende kommt, sondern sich selbst potenziert. Es bedeutet daher auch eine Form kritischer Erschließung, die immer antizipativer wird, die also immer weitere Möglichkeiten und Notwendigkeiten eines kritischen Erschließens vorwegnimmt und spürbar werden lässt. Genuine Geographie wahrt somit immer eine Form der sich wieder neu anbahnenden antizipativen Bewegtheit hin zu trag- und zukunftsfähigeren Verhältnissen, aus der sie selbst hervorgeht.[57]

Teil II

Weites Feld, Alles und Nichts

10

Nun ist die im ersten Teil des Buches beschriebene Aufgabe eines genuin geographischen, kritisch-erschließenden und Anfänglichkeiten hervorbringenden Schreibens aber nicht allein deswegen als *genuin geographische Aufgabe* zu verstehen, weil sie anhand der Ritterschen Anfänge des sogenannten Kernparadigmas der sogenannten ‚klassischen‘ oder ‚traditionellen‘ Geographie des deutschsprachigen Raums zur Darstellung gebracht wurde (noch dazu *von* einer Geographin). Sie kann vielmehr noch aus einem weiteren Grund als genuin geographische Aufgabe bezeichnet werden, einem in einem doppelten Sinne ‚*weiteren* Grund‘: einem Grund nämlich, der sich daraus ergibt, dass die Geographie seit jeher ein *weites Feld* ist, und zwar ein so weites Feld, dass sie eigentlich mit *allem und nichts* zu tun hat (wie man im Deutschen so trefflich sagt). Eine ‚Disziplin‘, die mit allem und nichts zu tun hat – und insofern auch keine *Einzel*wissenschaft ist –, kommt, wie ich diesem zweiten Teil des Buches zeigen möchte, gar nicht umhin, ein Anfänglichkeiten hervorbringendes Schreiben zu vollziehen, wenn sie nicht auseinanderfallen und ihren guten Sinn haben will. Ja mehr noch: Sie kommt nicht umhin, uns auf die Möglichkeit und Notwendigkeit eines solchen Anfänglichkeiten hervorbringenden Geschehens immer wieder neu zu stoßen – und uns somit auch immer wieder neu zu verstehen zu geben, *wie* sich ein solches Geschehen vollziehen kann.

Sicherlich: Dass die Geographie mit allem und nichts zu tun hat, das hat im Laufe der vergangenen zwei Jahrhunderte manch einen Geographen, manch eine Geographin (mich eingeschlossen) in Identitätskrisen gestürzt. Alle möglichen irdischen Phänomene sollen zum Aufgabenfeld der Geographie gehören, und doch sind für alle diese verschiedenen irdischen Phänomene jeweils *nicht* die Geographie, sondern jeweils eigene Einzelwissenschaften zuständig, im humanbezogenen Bereich heute zum Beispiel Soziologie, Kulturwissenschaften, Wirtschaftswissenschaften, im physischen Bereich Geologie, Meteorologie, Botanik et cetera. Selbst um das Mensch-Natur-Thema haben sich eigene Disziplinen oder Subdisziplinen gegründet, wie etwa die Sozial- oder die Kulturökologie, und verschiedene Regionalwissenschaften (oder ‚*area studies*') beschäftigen sich mit konkreten Erdräumen beziehungsweise deren Kulturen. Die Vorstellung, all diese Ansätze anwenden oder diese systemartig miteinander verbinden zu können (was ja auch voraussetzen würde, sie alle gleichermaßen zu beherrschen), mag zwar in manchem fachpolitischen Statement oder gar Lehrbuch noch herumgeistern, kann aber bei Lichte betrachtet doch nicht wirklich ernst gemeint sein. Die bereits von Ritter diagnostizierte Gefahr eines wissenschaftlichen Arbeitens, das „statt in die Tiefe, nur in die Breite und Fläche übergeht und durch Ueberwucherung sich selbst das Erzeugniß der edelsten Frucht raubt" (158) besteht ja heute mindestens noch genauso wie damals. So kommt es nicht von ungefähr, wenn Geographen bei der Frage, worauf sie sich *als Geographen* eigentlich wirklich verstehen, auf ein *Nichts* stoßen. Nur, dass sie sich diesem gemeinhin nicht widmen. Genau dies wird aber notwendig für eine Geographie, die *so weit* ist, dass sie mit allem *und* nichts zu tun hat – oder anders formuliert: die so weit ist, dass sie sich in der *Lage* sieht, mit allem *und* nichts zu tun zu haben.[1] In den nun folgenden Kapiteln möchte ich wesentliche Züge dieses ,alles und nichts' einbegreifenden In-der-Lage-Seins der Geographie skizzieren.

11

Dass sich die Geographie der Herausforderung stellt, sich auch dem Nichts zu widmen (und dies als Geographie, also auch in der Weise ihres Schreibens), das kann nun in erster Annäherung so verstanden werden, dass sie sich nicht (mehr) auf die Ebene wissenschaftlicher Gegenstände fixiert, welche auch in den Zuständigkeits- und Aussagebereich verschiedenster Einzelwissenschaften fallen, sondern dass sie sich *im Zuge ihres Schreibens* immer weiter auf den (gegen Ende des neunten Kapitels eingeführten) *negativen Grund* oder *Abgrund* verstehen zu lernen sucht, aus dem heraus sich vielfältigste irdische Phänomene in der ihnen eigenen Seinsweise und ihren bisher noch unentfaltet gebliebenen Möglichkeiten überhaupt erst – wie zum ersten Mal – in Erfahrung oder zur Darstellung bringen *lassen.* Wobei das *Sich*-verstehen-lernen auch impliziert, dass auf diese Weise immer auch eine geographische Qualität oder Seinsweise erfahren – und zugleich aufgedeckt – werden kann. Umgekehrt formuliert: Eine Geographie, die sich nicht in alle möglichen Einzelwissenschaften verlieren, sondern eine ihr eigene Qualität oder Seinsweise, also ihre Geographizität wahren und dieser immer wieder neu gewahr werden will, wird nicht darum herumkommen, sich dem bereits erwähnten negativen Grund explizit zu widmen – und auf diese Weise anfängliche, also immer einen neuen Anfang bedeutende, *sich* bewegende und daher *zur* Darstellung bringende Texte hervorzubringen, die uns, unsere Sprache und unser Denken wieder irdischer werden lassen und uns dadurch in eine neue, erweiterte irdische Notwendigkeitslage hineintragen – so, dass daraus wieder neue trag- und zukunftsfähige Aufgaben entstehen.

Anders, als man nach dem Lesen des ersten Teils meines Buches vielleicht meinen könnte, gilt die Herausforderung eines genuin geographischen Schreibens daher nicht nur für denjenigen ,Teilbereich' der heutigen Geographie, der sich explizit mit Mensch-Natur-Beziehungen beschäftigt – auch wenn sicherlich zu sagen ist, dass Materialien aus diesem Bereich für eine genuine Leit- oder Zukunftswissenschaft Geographie immer besonders wertvolle Materialien darstellen werden, weil die darin enthaltenen Problemfelder, Begrifflichkeiten und Formulierungen besonders vielschichtig zu entfalten sind. Vielmehr gilt die Herausforderung für *alle Teilbereiche* der derzeitigen Geographie – denn im Grunde gilt sie immer für die Geographie als Ganzes.

Wobei das ,im Grunde' im letzten Satz nicht allein, wie es naheliegt, im Sinne von ,eigentlich' oder ,an und für sich' gelesen werden kann, sondern zugleich auch wieder in Bezug auf den abgründig zu verstehenden *Grund*. Denn Geographie als *Ganzes* – statt in Teildisziplinen Auseinanderfallendes – gibt es ja, wie ich zeigen will, nur durch und in Hinblick auf einen solchen abgründigen Grund. Und dies bedeutet auch, dass jeglicher Vollzug genuiner Geographie, egal von welchen *Teilbereichen* der *derzeitigen* Geographie (und Wissenschaftslandschaft) er auch seinen Ausgang nimmt, *im Grunde* immer in einer *Bewegung* ist, die (wie man im Deutschen so trefflich sagt) *aufs Ganze geht,* und das heißt eben auch: auf ein Ganzes der Geographie geht – freilich ohne dass dieses jemals abschließend zu erreichen, oder, wie Ritter es versucht, empirisch zu erfassen wäre. Gerade weil dieses Ganze nie abschließend zu erreichen oder empirisch zu erfassen ist, muss eine genuine Geographie dem Ganzen auch *immer wieder neu* ,auf den Grund gehen' (wie man im Deutschen ebenfalls so trefflich sagt) – und das heißt hier eben: auf den abgründig zu verstehenden Grund gehen, so, dass sich das Ganze (und somit auch die Sache)[2] wieder neu darzustellen beginnt. Von welchem ,Teil' der Geographie in dieser unaufhörlichen Bewegung auch immer ausgegangen wird: In der und durch die aufs Ganze gehende Bewegung einer *zur*-Darstellung-bringenden kritisch-erschließenden Geographie werden sich unweigerlich auch andere ,Teile' der Geographie verändern,[3] und zwar in dem Sinne, dass sich auch *deren* jeweilige Potenziale beziehungsweise genuine Eigenarten und Aufgaben wieder neu – und anfänglicher – verstehen lassen. Dies umfasst auch, dass zentrale Begrifflichkeiten der jeweiligen ,Teilbereiche' der Geographie nicht dieselben bleiben. All dies möchte ich in den folgenden Kapiteln (12 bis

17) demonstrieren – ausgehend von der Möglichkeit einer genuinen und somit anfänglicher arbeitenden Physischen Geographie und daraufhin zunächst in Hinblick auf die Frage eines genuin Kulturgeographischen. Danach werde ich ohne Anspruch auf Vollständigkeit noch andere ‚Teilbereiche‘ und entsprechende Begrifflichkeiten der Geographie in Hinblick auf ihre genuinen und somit anfänglicheren Potenziale zur Sprache bringen. Ich werde mich dabei nie gänzlich, aber doch etwas mehr als im ersten Teil dieses Buches von dem Ritterschen Text lösen, weil dieser nicht mehr ganz so viele konkrete Gelegenheiten bietet, das zu entfalten, was es jetzt zu demonstrieren gilt. Die sich von Ritters Text etwas stärker lösende Vorgehensweise hat aber auch den positiven Nebeneffekt, dass sie zeigt, wie es ausgehend von solchen Texterfahrungen in Hinblick auf Begrifflichkeiten, in denen man sich als Geographin oder Geograph ‚wie selbstverständlich‘ bewegt, in einem selbst weiter denken kann.

12

Für die heutige Physische Geographie rein naturwissenschaftlichen Selbstverständnisses, die sich noch nicht dem Nichts widmet, bedeutet das bisher Gesagte die Herausforderung, *sich* im und durch das Schreiben auf die in ihren Geländepraktiken bereits stillschweigend waltende genuin geschichtliche Bewegung verstehen zu lernen, die die Erfahrung von Naturgebilden der Erde im Gewahrwerden ihrer Eigenständigkeit beziehungsweise eigenen Seinsweise immer vielschichtiger und übergänglicher werden lässt. Auf diese Weise wird sie von den ‚anderen' erdbezogenen Naturwissenschaften (Meteorologie, Geologie, Hydrologie et cetera) dadurch unterscheidbar, dass sie sich – als *Physische Geo*graphie – einer tieferen und zugleich zerteilungsvorgängigeren (im Grunde ‚ganzeren') Ebene widmet als die genannten spezialisierteren Wissenschaften, welche sich einem *bestimmten* Bereich irdischer Naturphänomene ja bereits verschrieben haben und in die sich aufzulösen die derzeit herrschende ‚naturwissenschaftliche Physische Geographie' ja ständig im Begriffe ist.[4] *Im Grunde* genommen geht es dann darum, sich als *Geo*graphie auf einen sich genuin geschichtlich ereignenden, das heißt für uns immer einen neuen Anfang bedeutenden *Wesenswandel* der Naturgebilde der Erde verstehen zu lernen, also auf ein *irdisches Sich-Wandeln* der Naturgebilde der Erde in Bezug auf die Weise, wie sie uns als Irdischen – also aus unserer Begrenztheit heraus – an*wesen*d werden, also uns in *ihrer* Eigenart, ihrer eigenen Seinsweise im Vollzug ge*wahr* werden, und, indem sie sich uns in ein Gebilde anderer Qualität wandeln, auch wieder ab*wesen*d werden können.[5] Und dieser Herausforderung kann sich die Physische Geographie – als *Geo*graphie – dadurch stellen, dass es ihr immer wieder neu gelingt, anhand von Materialien, die sich mit Naturgebilden der Erde befassen (und somit auch und gerade anhand von Materialien der heutigen Physischen Geographie oder ihrer Tradition), derartige genuin geschichtliche Bewegtheiten als ein letztlich unverfügbar bleibendes *Eigenleben* irdischer Natur *zur* Darstellung kommen zu lassen[6] – und zwar *zu* auszuwählenden Darstellungen oder *zu* Lesarten auszuwählender Darstellungen, die aus einem Denken und aus einer Sprache kommen, das beziehungsweise die die Naturerscheinungen – und zumindest implizit auch die Relation zwischen dem Menschen und diesen Naturerscheinungen – objektartig vergegenständlicht, zerteilt und dekontextualisiert. Also *zu* (Lesarten von) Darstellungen, wie sie für die Moderne kennzeichnend sind, in der sich auf diese Weise auch genau die naturwissenschaftliche Sprache ausbilden konnte, welche eine Beherrschbarkeit der Natur suggeriert, die – trotz aller technologischen Erfolge – letztlich jedoch nie möglich sein wird (weswegen eine solche Sprache mit Fug und Recht auch als eine *wenig geerdete* Sprache bezeichnet werden kann, bedeutet ‚geerdet‘ im Deutschen doch auch: realistischer sein, den Boden unter den Füßen nicht verloren haben, statt irgendwelchen Phantasien oder Wunschträumen, wie eben auch dem der Beherrschbarkeit der Natur, nachzuhängen). Zugleich ist aber zu sagen, dass auch unsere Alltagssprache dazu verführt, die stets übergänglichen und im Wandel befindlichen Naturgebilde der Erde zerteilt zu denken. Dass wir zum Beispiel von einem ‚Berg‘ oder einer ‚Wolke‘ sprechen, mag eine Abgrenzbarkeit und somit auch Zerteilbarkeit und Dekontextualisierbarkeit, ja gar eine Handhabbarkeit der Erdnatur suggerieren, obwohl doch alles Teil eines unaufhörlichen und unauflöslichen Geschehens des Bildens und Umbildens der irdischen Naturgebilde ist. Jeder Berg ist eigentlich doch ein in unverfügbarer Weise *ent*stehendes und *ver*gehendes Bergen, jede Wolke ist eigentlich doch ein in unverfügbarer Weise *ent*stehendes und *ver*gehendes Wolken, und indem wir diese Geschehen in ihrer Unverfügbarkeit *er*fahren, geraten wir selbst in ein genuines Bildungsgeschehen.

Was sich hier in meinem Schreiben somit abzeichnet, ist die unerschöpfliche, stets weiter tragende Möglichkeit eines genuin physisch-geographischen Schreibens, das *anhand von Schlüsselstellen auszuwählender Materialien*, die positiv oder negativ von einem letztlich unverfügbar bleibenden Eigenleben der Erdnatur zeugen, im Schreiben selbst *sich* wandelnde Bewegungen vollzieht: textliche Bewegungen nämlich, in denen sich das Denken und die Sprache der derzeitigen ‚Physischen Geographie' wie der erdbezogenen Naturwissenschaften[7] in immer wieder neuen Anfängen *aus* Verhältnissen oder Zugängen, wie sie in unserer Alltagssprache zunächst sehr nahezuliegen scheinen und/oder wie sie auch für die Moderne charakteristisch sind,[8] in genuin geschichtlicher Weise *in* Verhältnisse und Zugänge wendet, die sich irdischer, zerteilungsvorgängiger und dadurch auch geerdeter, tragfähiger, zukunftsfähiger darstellen.[9] So, dass sich durch ein solches Anfänglichkeiten hervorbringendes Schreiben eine immer vielschichtiger werdende Sprache des Irdischen herausbildet und sich in diesem Zuge *ständig das Potenzial erhöht*, für sich bisherigen Zugängen entziehende Naturgebilde der Erde in ihrer Eigenart – für deren je eigene Weise raumzeitlicher Übergänglichkeit, für deren je eigene Weise des (An- und Ab-)Wesens – überhaupt *wach* zu sein (in Form eines gesteigerten Antizipationsvermögens, wenn man so will).

Zugleich aber auch so, dass sich ständig das Potenzial erhöht, für das wach und sensibel zu werden, was man Herausforderungen *zum* Hervorbringen von genuinen kulturellen Gebilden oder Praktiken nennen könnte. Denn wie das Irdische (auch in der Formulierung ‚Sprache des Irdischen') nicht nur die ständig im Wan-

Geographisches Institut
der Universität Kiel

del befindlichen irdischen Naturgebilde, sondern auch
,*die* Irdischen', also uns Menschen als Irdische
einbegreift, so ist auch die sogenannte *Physische* Geographie *im Grunde* ja nicht und nie auf ein *rein*
Physisches beschränkt: Sie bietet – durch gesammelte
Erfahrungen anspruchsvoller Praktiken im Gelände[10]
ebenso wie durch geeignete Schlüsselstellen ihrer
Materialien beziehungsweise ihrer Sprache – immer
auch Übergangsmöglichkeiten, wahrt notwendigerweise immer einen *zur* Darstellung zu bringenden Zusammenhang zu genuinen kulturellen Fragen des
Irdischen.

13

Die erwähnten *genuinen* kulturellen Fragen des Irdischen sind aus dem bisherigen Gedankengang heraus
als solche Fragen des Irdischen zu verstehen, in denen
es um sich aus irdischen Lagen ergebende und einen
neuen Anfang bedeutende, aber bisher noch nicht verwirklichte Möglichkeiten irdischer Kultur geht – innerhalb der Wissenschaften, also in Bezug auf Wissen-
schaftskulturen, wie außerhalb dieser. Wobei Kultur
dann wieder im *emphatischen* Sinne zu verstehen ist –
wie bei der bereits angesprochenen Agri*kultur* im
emphatischen Sinne, die sich durch ein wachsendes
Vertrautwerden mit Naturgebilden auszeichnet, ebenso
wie durch ein immer wieder neu auszulotendes Pflegen, Schonen und somit auch Wahren und Gewahrwerden von Naturgebilden.[11] Hier eröffnet sich somit
ganz aus der Frage einer genuinen Physischen Geographie heraus *und immer mit Bezug auf die Sphäre*

des Irdischen (was ein wesentlicher Punkt ist!) ein noch näher zu erläuternder Kulturbegriff, der nicht auf kulturelle Gebilde oder Praktiken *beliebigster* Qualität verweist (wie in der derzeitigen Kulturgeographie), sondern vielmehr auf ‚wahrhafte‘ Formen der Kultur, auf *sich als Kultur hervorhebende* Formen der Kultur – wie man nicht zuletzt deswegen sagen kann, weil Kultur eben auch nicht gelingen kann (wie ich eine agrikulturelle Praxis dann als nicht gelingend oder als eine Agrikultur nicht im emphatischen Sinne verstehen würde, wenn es in ihr in keinster Weise darum ginge, den involvierten Naturgebilden möglichst gerecht zu werden). Die erwähnten genuin*en* kulturellen Fragen des Irdischen, die sich notwendigerweise auch in einer genuinen Physiogeographie anbahnen – weil und wie uns jegliche genuine Geographie zu stoßen vermag –, sind in diesem Sinne immer auch als *genuin* kulturelle Fragen des Irdischen zu verstehen.[12] Um solche Fragen muss es einer Kulturgeographie, die ihre im zweifachen Sinne anfänglicheren Potenziale bergen und sich auf diese Weise auch als ein Vollzug genuiner Geographie verstehen lernen will (statt ihr Selbstverständnis den Kulturwissenschaften beziehungsweise deren jeweiligen Theorien oder Ansätzen zu entlehnen), gehen.

Das angesprochene Sich-Herausheben genuin kultureller Formen oder Praktiken ist natürlich – ganz im Sinne der genuin-geschichtlichen, vollzugsartigen ‚Prozessualität‘ – situativ (aus einem irdischen In-der-Lage-Sein heraus) und geschehensartig und somit sicher nicht so zu verstehen, als wäre es auf das ‚Besitzen‘ bestimmter Eigenschaften zurückzuführen und/oder durch die Ermittlung oder Beobachtung bestimmter Eigenschaften auszumachen. Anderenfalls würde man unweigerlich in einen Essentialismus verfallen, der sich unter anderem in Form von Rassismen oder Nationalismen niederschlagen könnte, und dieses Kapitel geographischer Vergangenheit soll wahrlich nicht noch einmal aufleben. *Zugleich* ist das Sich-Hervorheben-als-Kultur stets in Zusammenhang damit zu sehen, dass genuin kulturelle Formen irdischer (!) Kultur immer solche sind, die aus einem mit irdischen Notwendigkeitslagen verbundenen und daher fälligen *Ringen* erwachsen, anderen irdischen Phänomenen in ihrer eigenen irdischen Seinsweise (oder Wesensart) und dabei zugleich auch sich selbst in seinen Möglichkeiten gerecht zu werden.[13] Es ist also immer in Zusammenhang damit zu sehen, dass genuin kulturelle Formen irdischer Kultur aus dem Ringen darum erwachsen, den eigenen Vollzug kultureller Praktiken wieder *irdischer* beziehungsweise *geerdeter* werden zu lassen. So begründet sich ja überhaupt nur ihr Gelingen. So sehr genuin kulturelle Formen irdischer Kultur also als *sich hervorhebende* Formen der Kultur verstanden werden können und so sehr damit auch ein Sich-*Heraus*heben aus ansonsten herrschenden Praktiken einhergeht: Dieses Sich-Hervor- und Sich-Herausheben – das ja eine aufsteigende, eine sich erhebende Bewegung suggeriert – zeigt sich, nur scheinbar paradox, gerade in Form einer stärkeren Erdung, einer gesteigerten, vielschichtigeren Form des Irdischseins (oder anders gesagt: der Irdizität). Darin liegt auch die genuin geschichtliche *Anfänglichkeit* dieser kulturellen Formen oder Praktiken (wie immer verstanden im zäsurartigen wie zerteilungsvorgängigen Sinne) und somit auch ihre größere Trag- und Zukunftsfähigkeit. Wie ja auch die sich aus der herrschenden Physiogeographie heraus- und hervorhebende Kultur einer *zur* Darstellung bringenden *genuinen* Physiogeographie gegenüber den naturwissenschaftlich-technologischen Wissenschafts- und Darstellungskulturen, die sich mehr an die moderne Metaphysik binden, irdischer und dadurch auch trag- und zukunftsfähiger ist.

Aber wenn wir nun zu einem Begriff von ‚genuin kulturellen Formen irdischer Kultur' gefunden haben, welche Herausforderung ergibt sich daraus nun genau für die derzeitige Kulturgeographie? Eine sich ins Anfänglichere wendende Kulturgeographie kann ja *nicht* dabei *stehen bleiben*, kulturelle Fragen als eine Art Theorie dessen zu beschreiben, was oder wie ‚genuin kulturelle Formen irdischer Kultur' sind (auch wenn ich mir natürlich bewusst bin, dass sich der obige Absatz *isoliert betrachtet* auch genau so lesen lässt und von einigen sicher auch genau so gelesen werden wird). Sie kann und muss als wahrhafte, als gelingende Geographie ja vielmehr selbst immer wieder neu *zur* Darstellung bringen, *dass* und *wie* es möglich und notwendig ist, in derartige kulturelle Praktiken hineinzufinden, die sich in Form einer erdenden, das Irdischsein wachsen lassenden Bewegung vollziehen – und dies gilt schließlich immer auch für sie selbst, für die kulturelle Praxis ihres eigenen Denkens, Sprechens, Schreibens und Lesens. Sie muss sich also dem Umstand stellen, dass sich in allem, was geschieht – und eben auch in ihren eigenen sprachlichen Vollzügen – wieder neue Fälligkeiten des Hineinfindens in eine genuin kulturelle Praxis anbahnen (wofür sie, je öfter sie durch solche Prozesse in genuiner Weise hindurchgegangen ist, auch immer wacher oder sensibler wird, weswegen sich diese erdenden Bewegungen in gewisser Weise auch potenzieren). Anderenfalls erlangen wieder diejenigen Praktiken Auftrieb, die nicht einen Zuwachs an Irdischsein mitsichbringen – und die sich ebenfalls selbst verstärken können, solange keine irdische Notwendigkeiten beziehungsweise Notlagen erfahren werden, die zu einem neuen Anfang nötigen. Deswegen lässt sich das Sich-als-Kultur-Hervorheben von kulturellen Praktiken, auf das uns eine genuine Geographie zu stoßen vermag, *in Inhalt und Form* auch als ein Sich-Heraushheben *aus* sonstigen kulturellen Praktiken verstehen, in denen wir uns als Irdische verloren gegangen sind *und* (!) in denen uns daher auch der Zugang zum Irdischen immer weiter verloren zu gehen droht. Jegliche genuine Geographie ist daher zumindest unausdrücklich darauf bezogen, worauf kulturelle Praktiken in sich selbst verstärkender Weise *hinauslaufen* – und trägt in ihrem und durch ihr Schreiben dafür Sorge, dass es *nicht* die *nicht* genuin kulturellen, also *nicht* die *nicht* erdenden, zu einem Verlust an Irdischsein beziehungsweise genuin irdischer Qualität führenden Praktiken sind, denen gewissermaßen Gelegenheit zur Selbstverstärkung gegeben wird.[14]

Eine genuine, ihr eigentliches Wesen vollziehende Kulturgeographie – verstanden als eine Geographie, die sich in ihren genuin kulturellen Aspekten und Momenten zeigt – ist daher ständig wieder neu auf zwei ‚Ebenen‘ antizipativ (ohne dass diese beiden ‚Ebenen‘ sich voneinander trennen ließen): Zum einen antizipiert sie die Tendenz herrschender kultureller Praktiken – und zwar auch eines Umgangs *mit* beziehungsweise der Lesarten *von* sprachlichen Materialien –, zu immer weniger geerdeten, zu immer weniger genuin irdischen

Verhältnissen zu führen (dies nenne ich den auf einen Verlust an Irdischsein bezogenen Aspekt geographischer Antizipationen). Zum anderen und zugleich antizipiert sie – ebenfalls *auch* in Hinblick auf den Umgang mit beziehungsweise auf Lesarten von sprachlichen Materialien – Möglichkeiten und Notwendigkeiten des Vollzugs genuin kultureller Praktiken des Irdischen (dies nenne ich den auf einen Zuwachs an Irdischsein bezogenen Aspekt geographischer Antizipationen). So kann sie sich immer wieder neu der Aufgabe widmen, sich selbst und anderen spürbare Möglichkeiten und Notwendigkeiten genuin kultureller Praktiken des Irdischen in sprachlich vermittelter Weise *kritisch zu erschließen* – anhand von historischen oder auch jüngeren sprachlichen Materialien (der derzeitigen Kulturgeographie). Und auf diese Weise bereitet sie dann im zweifachen Sinne anfänglichere Text*felder*, anfänglichere Formen kulturgeographischen Denkens, Sprechens oder Schreibens, die uns selbst immer wieder erden und somit vor all zu schnell und all zu gewohnten oder fraglosen Zugängen, auch zu sprachlichen Materialien beziehungsweise Begriffflichkeiten, auf der Hut sein lassen – und die uns genau dadurch immer wieder neu daraufhin wach halten, dass wir eigentlich ständig zum Hervorbringen von genuin kulturellen irdischen Praktiken sowie zu einer Sprache des Irdischen herausgefordert sind.

Und zwar auch als diejenigen, die, wie nun die Leser dieses Buches, um die Möglichkeit eines anfänglicheren (Kultur-)Geographierens bereits wissen: Auch vor einem affirmativen Wiederfinden der in diesem Buch entfalteten Positionen gilt es auf der Hut zu sein.

Nur so kann einem zum ‚Beispiel'[15] gewahr werden – um auf das Rittersche Material zurückzukommen –,

dass die Textstelle, in der Ritter einen Vergleich der
Aufgabe des ‚Menschengeschlechts' vornimmt mit der
Aufgabe „des Pflanzers […], der den Acker, den er zu
bebauen hat, erst nach und nach mit all seinen Gaben
erkennen lernt" (162), vielleicht nur auf den ersten
Blick eine große Nähe zu der Einsicht in die Möglichkeit und Notwendigkeit kulturell-erdender Praktiken
aufweist. Vielleicht nur auf den ersten Blick deswegen, weil der Bezug nur dann wirklich gegeben wäre,
wenn das *Erkennen* des Ackers, von dem gesprochen
wird, als eines verstanden wird, das ein Erkennen der
Eigenständigkeit und eigenen Seinsweise des Ackers
einbegreift. Und das somit auch die ‚Gaben', von denen die Rede ist, wesentlich weiter versteht denn bloß
als Produkte dessen, was der Pflanzer (als wäre er ein
Macher, einer, der kein wirkliches Gegenüber wahr-
nimmt) sozusagen aus dem Acker ‚*rausholt'*: nämlich
als wirkliche *Gaben* des Ackers, in denen dieser sich
auch immer wieder neu selbst – als sich wandelnder
und sich hervorbringender Möglichkeitsraum sich
wandelnder Gaben – *zur* Darstellung bringt und so
gesehen *gibt*.

Oder, um ein anderes ‚Beispiel' zu geben (das freilich auch ein Vollzug ist): *Nur so* lässt sich nicht bloß
*fest*stellen, dass in der in einer Fortschrittslogik gehaltenen Textstelle, in der Ritter von „Kulturentwicklun-
gen, wodurch die Völker sich in andere Räume ver-
breiten lernen" (160) spricht, ein Zugang zu irdischen
Notwendigkeitslagen verloren gegangen zu sein scheint,
sondern eben *zugleich* auch im und durch das Lesen
der Textstelle *darauf kommen*, dass natürlich auch
durch solche Verbreitungsvorgänge wiederum irdische
Notwendigkeitslagen entstehen können: Dann näm-

lich, wenn diese (oder ähnliche) Verbreitungsvorgänge erlebbare Konflikte oder Ungerechtigkeiten entstehen lassen, durch die und in denen wir als Irdische plötzlich die Notwendigkeit eines Entwerfens neuer kultureller Praktiken spüren. Nicht nur die Notwendigkeit eines genuinen In-Beziehung-Seins zu den Naturgebilden der Erde ist es also, so vermag sich hier zu erschließen, durch das wir genuin kulturell-erdende Praktiken vollziehen und uns *in diesem Sinne* als Irdische wahrhaft „zu Kultur […] erheben" (178) können (um eine Formulierung Ritters aufzugreifen, die sich eben auch *genuin* geographisch und somit in Bezug auf einen Begriff ‚genuin kultureller Formen irdischer Kultur' lesen lässt), sondern auch die Notwendigkeit eines genuinen In-Beziehung-Seins zu den vielfältigen kulturellen Praktiken oder Gebilden, mit denen wir in Berührung kommen und/oder in denen wir uns bereits befinden. Auch diese können *wirklich* (nämlich nicht nur verkehrsmäßig) „wirklich mit eingeflochten" (161) werden, in dem sie uns als zu *ent*deckende Gelegenheit dienen, in das Geschehen hineinzufinden, durch das wir als Irdische wieder anfänglicher und daher zukunftsfähiger werden können.

Und sei es, indem sie uns darauf stoßen, wie wir als Irdische *nicht* sein, wohin wir uns als Irdische *nicht* entwickeln wollen und können. Die Steigerung der Anfänglichkeit und Zukunftsfähigkeit auf der Basis eines genuinen In-Beziehung-Seins zu anderen kulturellen Praktiken oder Gebilden läuft daher auch *nicht* auf eine Homogenisierung oder Assimilierung von kulturellen Praktiken hinaus, sondern fördert vielmehr wieder die Herausbildung von eigenen, authentischen Identitäten (verstanden als sich vollziehende Weisen

zu sein, anzuwesen), oder anders gesagt: die Herausbildung von geerdeten, von *irdischen Individualitäten*.
Dies ist freilich nur im Vollzug einer Logik irdischer
Lagen, nicht in einer Logik der Planetenstellen und des
Fortschritts beziehungsweise „Kulturfortschritt[s]" (167)
denkbar, der Ritter noch unterliegt. Daher muss dieser
das, was von ihm als Fortschritt gesehen wird – und
somit der Umstand, dass durch die „moderne Ver-
pflanzungsweise oder Kolonisation, Umtausch, Verkehr" (179), durch „Hin- und Rückwirkung auf und
aus der Fremde" (179) alles mögliche miteinander in
Berührung kommt – zurecht als eine Entwicklung
ansehen, in der „Individualitäten" (178) und das „Per-
sönliche der Völkerentwicklung" (165) mehr und mehr
verloren gehen. Wie in den Prozessen und durch die
Prozesse der Globalisierung, deren Anfänge in Ritters
Aufsatz ja bestens dargestellt sind – auch wenn heute
noch andere Mittel hinzugekommen sind, um den globalen „Völker- und Handelsverkehr" (166) den Ritter
beschrieben hat, zu steigern und zu ergänzen. In
Denkweisen oder Zuständen, in denen einem der
Zugang zum eigenen irdischen In-der-Lage-Sein ver-
schütt gegangen ist, verliert sich eben auch in *dieser*,
auf Individualität und Persönlichkeit bezogenen
Hinsicht die Möglichkeit eines wirklich (also im genuinen Sinne) *wahren Gewinns*[16]. Ebenso wie sich in diesen Denkweisen oder Zuständen auch die Möglichkeit
verliert, ‚Heimaten' ganz anders zu denken, als es bei
Ritter der Fall ist (und für die ‚geographischen Forschungsprogramme' des 19. und 20. Jahrhunderts in
gewisser Weise auch typisch war). Denn wenn Ritter
von Verhältnissen „in frühern Jahrhunderten und Jahrtausenden, als die Völkergeschlechter überall mehr auf

ihre Heimathen und auf sich selbst angewiesen waren"
(178), spricht und in diesem Zusammenhang darauf
verweist, dass die damals „zu Kultur sich erhebenden
[Völker] aus der ihnen gegebenen engern Sphäre [...]
harmonisch-vollendeter" (ebd.) in Erscheinung traten,
dann liegt in seinem Bild von ‚Heimaten' etwas
Abschließendes. Wahrhaft *irdische* Heimaten hingegen können – wie geographische Heimaten auch –
nicht und nie abgeschlossen oder vollendet oder
harmonisch sein, genau wie man mit ihnen auch nie
gänzlich vertraut und übereinstimmend sein kann. Sie
sind vielmehr – wie alle genuin wissenschaftlichen
Heimaten – als immer wieder neu zu *er*fahrende
Heimaten und zugleich als immer offen bleibende, in
ein Weiteres hinausragende Heimaten zu verstehen.
Sie sind eben Heimaten, zu denen man nur dann in
wirklich in Bezug steht, wenn sie als Heimaten erspürt
werden, die über sich selbst hinausragen und ‚unreine'
Keime weiterer Entfaltungsnotwendigkeiten wahren.
Wahrhaft irdische Heimaten sind selbst nichts als
irdische Notwendigkeitslagen.

14

Nun birgt all das oben Gesagte aber auch *genuin
sozial*geographische Aufgaben. Denn das Sich-*Heraus*heben genuin kultureller, erdender Praktiken bedeutet für die einzelnen oder kollektiven Subjekte, die
diese Praktiken vollziehen, ja *nicht allein* eine Reifung, ein Wachsen ihrer irdischen ‚Individualität' oder
‚Persönlichkeit'. Es bedeutet vielmehr *unweigerlich
und zugleich* auch eine Veränderung ihres Verhältnis-

ses zu der jeweiligen *Gemeinschaft*, die in den etablierten, eingefahrenen Mustern kultureller Praktiken (noch) verharrt beziehungsweise bei dem, was von den jeweiligen einzelnen oder kollektiven Subjekten antizipiert und/oder in Form von sich heraushebenden genuin kulturellen Praktiken in wegbereitender Weise realisiert wird, unter Umständen noch gar nicht mitgehen kann oder will. Genuine Sozialgeographie, so könnte man daher sagen, zeigt sich gerade darin, dass sie uns anhand von sprachlichen Materialien aus dem *weiten Feld* der Geographie jedes Mal wie zum ersten Mal aufgehen und spüren lässt, *dass* und *wie* ein Vorreitertum, ein sich von relativ ungeerdeten (unirdischen) Festgelegtheiten bestimmter Gemeinschaften frei machendes und zugleich trag- und zukunftsfähiges Verhalten aus irdischen Lagen heraus *möglich* und *notwendig* ist. Sozialgeographie anfänglicher zu verstehen zu lernen – und auch zu vollziehen – heißt nichts anderes, als in ein solches Geschehen hineinzufinden – und Geographie somit zu einer Geographie *der Vorreiter* des Irdischen werden zu lassen (‚Vorreiter‘ im *genitivus subjectivus* wie *objectivus*).

Gemeinschaften, die im Gegensatz zu diesen Vorreitern noch im Eingefahrenen verharren und keinerlei Offenheit an den Tag legen, möchte ich als ‚sich unirdisch verhaltene Gemeinschaften‘ bezeichnen.

Die sozialen Aspekte und Momente einer genuinen Geographie ergeben sich aber nicht allein aus dem Verhältnis zwischen einerseits den Vorreitern und andererseits den Gemeinschaften, denen sie entstammen. Sie ergeben sich *zugleich* auch immer daraus, dass genuin kulturelle Praktiken (als Praktiken, die, wie gesagt, darauf bedacht sind, sich *und anderen* irdischen

Seinsweisen in ihrer Eigen- und Wesenart *gerecht* zu werden), immer schon die große Herausforderung wahrhaft *irdischer* Gemeinschaftsverhältnisse, oder besser gesagt: die große Herausforderung zu Verhältnissen eines gemeinsamen Teilhabens am Irdischen zum Ausdruck bringen *und* zugleich erschließen können. Freilich: Wahrhaft *irdische* Gemeinschaftsverhältnisse sind dann *nicht* in den Kategorien einer Differenzierung zwischen einerseits (homogenen) *Gemeinschaften* und andererseits (ausdifferenzierten) *Gesellschaften* zu denken. Genuin *irdische* Gemeinschaftlichkeit ist, als Vollziehen eines gemeinsamen Teilhabens am Irdischen, gerade dadurch gekennzeichnet, dass sie sich zum einen aus immer schon ausdifferenzierten irdischen Verhältnissen heraus ereignet – sonst könnte es ja auch kein Ringen darum geben, *anderen* irdischen Seinsweisen gerecht zu werden. Zum anderen *und zugleich* führt sie auch zu immer weiteren Ausdifferenzierungen des Irdischen – zu immer weiteren Realisierungen von bisher verborgen gewesenen Möglichkeiten des Irdischseins. Genuin irdische Gemeinschaftlichkeit gibt es sozusagen nur da, wo irdische Verhältnisse im Vollzug einen Zuwachs an irdischer Qualität erfahren. So erweist auch sie sich als im zweifachen (zäsurartigen *und* zerteilungsvorgängigen) Sinne anfänglich.

Die Herausforderung eines gemeinsamen Teilhabens am Irdischen ist freilich eine Herausforderung, die gerade dadurch besteht und immer wieder neu bestehen wird, dass Gemeinschaftsverhältnisse von Irdischen, so unumgänglich sie *als irdische* Gemeinschaftsverhältnisse *eigentlich* sein mögen, oft genug *nicht* gelingen – immer dann nämlich, wenn *weder* ein immer wieder neu auszulotendes gemeinsames Teilhaben am Irdischen gelebt, *noch* die Notwendigkeit und Herausforderung dazu gesehen und gespürt wird. Sofern sie in diesem Sinne nicht gelingen, handelt es sich dann aber nicht nur um keine wahrhaft *irdischen* Gemeinschafts- beziehungsweise sozialen Verhältnisse, sondern in gewisser Weise auch um keine wahrhaft *sozialen* Verhältnisse, nämlich um Verhältnisse, die ein soziales Verhalten gegenüber anderen und anderem Irdischen gerade *vermissen* lassen – und so gesehen a-sozial sind. Genuin geographische Vollzüge – so könnte man daher sagen – zeigen sich in ihrer aufs Ganze und dem Ganzen auf den abgründigen Grund gehenden Bewegung auch dann in ihren sozialgeographischen Aspekten und Momenten, wenn sie uns wirklich berührende Möglichkeiten und Notwendigkeiten eines neu zu realisierenden gemeinsamen Teilhabens an Verhältnissen *zur* Darstellung bringen, welche *wahrhaft irdisch-soziale* Züge aufweisen. Auch und gerade die Verhältnisse, die sich in Form der Herausbildung eines Vorreitertums des Irdischen beschreiben, weisen ja derartige wahrhaft irdisch-soziale Züge auf. So sehr also derartige Vorreiter in den Gemeinschaften, denen sie entstammen, völlige Außenseiter sein mögen – dies kann gerade daher rühren, dass sie in genuiner (echter, authentischer, wirklicher) Weise ein Teilhaben am Irdischen, an genuin *irdischen,* an *irdisch-sozialen* Gemeinschaftsverhältnissen leben.

Und zugleich auch ein Teilhaben am immer offen bleibenden, lebendigen *Ganzen* des Geographischen. Denn selbst den genuinen Mensch-Natur-*Beziehungen,* von denen schon im ersten Teil dieses Buches ausführlich die Rede war, liegt *gewisser*maßen – und das heißt auch: als eine Frage des Gewissens – eine derartige irdisch-soziale Struktur zugrunde. *Auch wenn wir* – was freilich betont werden muss – den übergänglichen, sich ständig wandelnden Naturgebilden der Erde, in denen wir immer schon und unausweichlich situiert sind, gerade *nicht* gerecht würden, wenn wir sie wie menschliche Subjekte betrachteten und/oder behandelten, also anthropomorphisierten (denn dann würden wir ihnen *ihre* eigene Wesenart ja gerade *nicht* lassen). Aber *dass wir* soziale Wesen sind, verleitet uns eben nicht nur dazu, in einen anthropomorphisierenden Zugang zu den Naturgebilden zu geraten, auch allen besseren Wissens zum Trotz – wozu natürlich auch unsere Alltagssprache verführt, zum Beispiel dann, wenn wir sagen: „der Vulkan bricht aus". Es ermöglicht vielmehr auch, Naturgebilden überhaupt erst gerecht werden zu *wollen*. Anders gesagt: *Dass* wir soziale Wesen sind – genauer gesagt: solche, die im Grunde wahrhaft (irdisch-)sozial sein können – lässt uns um die Naturgebilde in *ihrer* Eigenart, in ihrer *eigenen* Seinsweise, die sich einer Anthropomorphisierung wiederum entzieht, überhaupt erst *ringen*. Es lässt uns also in *irdische Notwendigkeitslagen*, die (*auch*, müsste man eigentlich sagen) unser Verhältnis zu den Naturgebilden betreffen, *hineinfinden* – und eröffnet somit überhaupt erst die Chance auf ein tragfähigeres Verhältnis zu diesen. Dies gilt auch und gerade für Naturwissenschaftler der erdbezogenen Naturwissenschaften – jedenfalls sofern diese ihre Sache wirklich gut machen und daher einen wirklich *wahren* Gewinn hervorbringen wollen, auch wenn dies ihnen unter Umständen nicht oder noch nicht gelingt. Auch in deren Praktiken waltet also, in impliziter Weise, unweigerlich ein wahrhaft irdisch-soziales Verhalten,[17] das *im Grunde* eine Art Anthropomorphisierung involviert, diese aber auch wieder überschreitet – und dadurch an Anfänglichkeit (im doppelten Sinne) gewinnt. Und dies gilt natürlich erst recht für diejenigen, die den Naturgebilden der Erde gerecht werden wollen, indem sie eine *genuine* Physische Geographie *zur* Darstellung kommen lassen, die sich immer mehr darauf verstehen lernt, ein irdisches *Sich*-Wandeln der Naturgebilde der Erde zur Darstellung zu bringen, welches gewissermaßen ein *Eigenleben* führt und für uns genuin-kulturelle Herausforderungen des Irdischen bedeutet.

Freilich: Ritter scheint ein derartiges, auf die Naturgebilde der Erde bezogenes irdisch-soziales Verhalten zu wenig aus eigenem Erleben zu kennen. Seine Abhandlung zeugt zwar davon, dass ihm die unterschiedliche Seinsweise unterschiedlicher Naturgebilde bewusst ist.[18] Sicherlich will Ritter Natur auch als etwas verstehen, das auch ohne das Zutun des Menschen nicht gleich bleibt, sondern Veränderungen unterworfen ist.[19] Aber man spürt seinem Text nicht an, dass es in ihm eine authentische, wirkliche und daher auch wirksam werdende, also eine tragfähige Spur einer Erfahrung gäbe, aus der Ritter den irdischen Naturgebilden *ihre* eigene Seinsweise lassen und somit *ihr* Eigenleben lassen will. Dazu ist er zu wenig genuiner Naturwissenschaftler. Oder zu wenig „Pflanzer […], der den Acker, den er zu bebauen hat" (162) immer wieder neu kennen und erkennen gelernt hat – wie es in der lebendigen Praxis, unter immer wieder variierenden Umständen, geschieht. Mit anderen Worten: Er ist zu wenig jemand, der aus der eigenen, lebendigen *Er*fahrung des

Ringens in und um die Naturgebilde der Erde schreibt. Zu wenig jemand, der es leibhaftig kennt, in genuinen irdisch-sozialen Beziehungen zu Naturgebilden der Erde zu stehen, *und* auch genau dieser Erfahrung *als Geograph,* in seinem Ringen um Geographie, gerecht werden will. Dadurch entgeht ihm eine Gelegenheit, in das Geschehen einer genuin geschichtlichen Geographie hineinzufinden – einer Geographie, zu deren Wesen es gehört, dass sie auch den Naturgebilden ihr Eigenleben zu lassen sucht und dadurch selbst immer lebensfähiger, immer trag- und zukunftsfähiger werden kann. So sehr Ritter darauf bedacht war, „das Leben der geographischen Wissenschaft" (154) zu wahren – er hätte sich eben viel radikaler auf die Bewegung einlassen können müssen, die den irdischen Phänomenen *ihr* Leben zu lassen, zu gewähren sucht.

15

Den letzten Satz habe ich sicher nicht zum Selbstzweck einer Kritik an Ritter geschrieben, sondern weil es zum Wesen einer genuinen Geographie gehört, *in radikaler Weise, in Inhalt und Form*, ein Gewähren-Wollen, ein Leben- oder Aufleben-Lassen irdischen Lebens zu leben – und zwar immer vor dem Hintergrund von Antizipationen eines drohenden Verlustes, der Auflösung, der Verwehrung irdischen Lebens.

Daher lassen sich die oben skizzierten Möglichkeiten eines genuinen Zugangs zum Physisch-, Kultur- und Sozialgeographischen – ja zu jeglichem Geographischen – auch immer nur auf *eigens zu lebende* und somit originäre Weise vollziehen.

Daher kann es genuine Geo*graphie* nicht nur *nicht* in ‚rein' repräsentationalistischen Zugängen zum Irdischen geben, die nicht ohne Grund immer irgendwie unlebendig wirken, sondern ebensowenig in Zugängen, die die Referenzfähigkeit der Sprache auf eine Weise in Frage stellen, welche zur Auflösung, zum Sich-Verlieren, zum Auseinanderfallen aller (sprachlichen) Spuren führt –[20] als unterlägen Texte, als unterlägen sprachliche Gebilde unweigerlich dem Prozess der „Auflösung aus der einmal gegebenen Form" (118), wie Ritter in Bezug auf *tote* Materie, nämlich in Bezug auf Verwitterungsprozesse von Kristallen schreibt.

Und daher drängt sich die Notwendigkeit einer genuinen Geographie auch immer dann besonders auf, *wenn herrschende Umstände zur Gefahr für irdisches Leben werden*. Dies möchte ich im folgenden Kapitel in einer Weise erläutern, die uns einen bisher noch nicht weiter betrachteten ‚Teilbereich' der Geographie anfänglicher verstehen lässt.

16

Dazu soll bedacht sein, dass ein Gewähren-Wollen irdischen Lebens *im Grunde* ja immer auch dann waltet, wenn aufgrund herrschender Umstände, zum Beispiel durch bestimmte Machtstrukturen und/oder durch Prozesse der Globalisierung, ein sich anbahnendes ‚Sterben' eigener, individueller sozio-kultureller Lebensformen – das heißt ein Sich-Auflösen oder ein Untergang solcher sozio-kulturellen Lebensformen, auch in ihren eventuellen ökologischen, physischen beziehungsweise materiellen Ausprägungen – antizipiert und *als genuin geographische Herausforderung* angegangen wird. Dieses Angehen ‚als genuin geographische Herausforderung' ist in diesem Zusammenhang in zweierlei Hinsicht zu verstehen:

Zum einen heißt es, sich in einer Weise zu verhalten, die *weder* dabei *stehen bleibt*, die sich abzeichnenden Tendenzen des Untergangs bestimmter sozio-kultureller Lebensformen als bedauerlich zu empfinden oder als ungerecht zu verurteilen, *noch* dem wissenschaftlichen Selbstverständnis gleichkommt, dass sich aus diesen Umständen für die Disziplin der Geographie die Aufgabe ergäbe, derartige Vorgänge in empirischen Studien wissenschaftlich zu erfassen, um sie besser zu verstehen und/oder öffentlich machen zu können (ein Selbstverständnis, das wohl vor allem von Vertretern der derzeitigen Politischen Geographie und/oder der derzeitigen Kritischen Geographie zu erwarten wäre). Vielmehr muss es, da es ja um eine *genuin* geographische Herausforderung geht, heißen: sich in einer Weise zu verhalten, die spürbar werden lässt, dass das unter den herrschenden Umständen sich abzeichnende Verschwinden individueller sozio-kultureller Lebensformen auch eine mögliche Verarmung der doch so *not-wendigen* Sphäre des Irdischen bedeutet – einen möglichen Verlust einer uns alle angehenden, noch nicht zur Entfaltung gekommenen irdischen Notwendigkeitslage, zumindest aber einen möglichen Verlust einer *Zugangsmöglichkeit* zum irdischen In-der-Lage-Sein, also zu dem antizipativen Möglichkeits- und Notwendigkeits*raum*, in den hinein und aus dem heraus es aufgrund einer gemeinsamen Teilhabe am Irdischen genuin kulturelle und wahrhaft irdisch-soziale

Praktiken zu entwerfen gilt (so, dass sich auf irdischere Weise leben lässt). Und dies gilt sowohl in Hinblick auf die unmittelbar betroffenen sozio-kulturellen Lebensformen, als auch in Hinblick auf die, die mit den unmittelbar Betroffenen eine genuin irdische Gemeinschaftlichkeit zu teilen vermögen und sich daher von deren Schicksal auch *wirklich berührt* fühlen können – also nicht ‚bloß verkehrsmäßig‘, sondern auf eine Weise, durch die sich genuin geschichtliche Entfaltungsmöglichkeiten eröffnen: *Alle* wahrhaft Beteiligten könnten, indem sie die Sensibilität haben, das sich abzeichnende Schicksal der sozio-kulturellen Lebensformen als einen *Verlust* zu antizipieren, die Notwendigkeit verspüren, genuin kulturelle, wahrhaft irdisch-soziale Praktiken zu entwerfen, durch die sich das sich abzeichnende Schicksal der betroffenen Lebensformen in dem Sinne abwenden ließe, dass es für sie einen neuen Anfang gibt – und somit eine neue Weise, ihre genuine Eigenart, ihre Individualität zu leben, *wenn auch vielleicht ganz anders, oder auf ganz anderen Ebenen, als zuvor.* Denn für alle wahrhaft Beteiligten würde die Antizipation eines Verlustes solcher irdischer Individualitäten – der ja auch immer ein Verlust an irdischer Vielfalt wäre – mit dem Gefühl einhergehen, dass man *einfach nicht fortfahren kann, als wäre nichts geschehen.* Wobei diese Formulierung nicht allein in der uns allen naheliegenden Lesart zu verstehen ist, sondern zusätzliche Aufschlüsse birgt, sobald man sie *auch* im Sinne von ‚als wäre *N*ichts geschehen‘ liest. Denn tatsächlich kann man nicht einfach fortfahren, sondern muss innehalten und gelangt in die Offenheit eines zu realisierenden neuen Anfangs hinein, gerade weil sich mit der existenziellen Not und

Notwendigkeit irdischer Individualitäten unweigerlich auch das *Nichts* zur Darstellung bringt, vor dem sie stehen.

Eine derartige Erfahrung verändert einen nachhaltig. Denn selbst wenn man *von außen betrachtet* so fortführe wie vorher – und sei es, weil man trotz aller Bemühungen keinen anderen Weg gefunden hat – würde dies an einem selbst nicht spurlos vorübergehen: Man würde immer um den sich abzeichnenden (und irgendwann vielleicht eingetretenen) Verlust *wissen*. Es würde so auch unser *Ge*wissen betreffen. Die genuine geographische Herausforderung, auf die ich hier hinaus will, hat also damit zu tun, uns derartige Erfahrungen eines wirklichen Berührtwerdens zu ermöglichen, in deren Zuge wir uns dessen, worauf herrschende Umstände für andere *und* für uns selbst hinauslaufen, besser oder überhaupt erst gewahr werden können. So, dass sich auf dieser Basis – als Frage eines geradezu leiblich spürbaren Gewissens – entscheiden lässt, welche Konsequenzen gezogen werden, oder besser gesagt: was man wie, aus diesem wirklichen Berührtwerden heraus, genuin geschichtlich versuchen *will und kann* – und was nicht. Das Gefühl, *einfach nicht fortfahren zu können, als wäre nichts geschehen*, dieses Gefühl fruchtet also (wenigstens) in dieser Art von *krisis*.

Nun sind aber genuin geographische Herausforderungen immer auch sprachliche Herausforderungen. Deswegen besteht die (im Eingangssatz dieses Kapitels angesprochene) genuin geographische Herausforderung *zum anderen* und *zugleich* auch darin, sich in einer sprachlich-gestalterischen Weise zu verhalten, die uns spüren lässt, dass das sich abzeichnende Verschwinden oder Untergehen individueller sozio-kultureller Lebensformen eine mögliche Verarmung der doch so not-wendigen Sphäre einer Sprache des Irdischen, des irdischen In-der-Lage-Seins bedeutet (durch die sich uns bisher noch gar nicht gesehene wahrhaft irdische Möglichkeits- und Notwendigkeitsräume aufzuspannen vermögen, in welche hinein wir uns in genuin geschichtlicher Weise neu entwerfen können), in jedem Fall aber einen möglichen Verlust von bisher verborgen und unentfaltet gebliebenen Zugangsmöglichkeiten zu einer solchen abgründigen Sprache, also einen möglichen Verlust an Gelegenheiten des (textlichen) *Zur*-Darstellung-Kommens und Auf*lebens*, des Lebendig-werden-Lassens einer solchen Sprache. In dieser Form kann eine genuine Geographie die oben skizzierten Erfahrungen eines wirklichen Berührtwerdens realisieren. Dabei müssen diejenigen, die die Sprache des Irdischen aufleben lassen – weil sie die Notwendigkeit dazu spüren – gar nicht unbedingt der ‚Disziplin Geographie' angehören. Alle, die in existenzieller und somit unweigerlich *genuiner* Weise aus dem Empfinden irdischer Notwendigkeitslagen heraus und in Bezug auf diese *als Irdische* sprechen oder schreiben – also auch im Bewusstsein ihrer eigenen Vergänglichkeit und Begrenztheit sowie in Hinblick auf ein zu wahrendes Irdisches, das mehr umfasst als sie selbst – alle diejenigen sind genau dann Geographen (wie den von ihnen hervorgebrachten sprachlichen Gebilden dann auch eine genuine Geographizität innewohnt) und tragen ihren Teil dazu, dass wir uns dessen, worauf herrschende Umstände für andere und für uns selbst hinauslaufen, besser oder überhaupt erst gewahr werden können. So, dass auf dieser Basis Entscheidungen entstehen können, ob man in der ein oder (eben) *anderen* Weise weiterleben will und kann. Und alle, die in dieser Weise sprechen oder schreiben, können dadurch wieder weitere Prozesse eines solchen Sprechens oder Schreibens in Gang bringen. Denn, wie ja auch der vorliegende Text zeigt: Eine sprachliche Sphäre des irdischen In-der-Lage-Seins gibt es ja nur im Geschehen des *Zur*-Darstellung-Kommens (mit allen Implikationen, die die Formulierung ,*Zur*-Darstellung-Kommen' umfasst)[21], das heißt als ein sich selbst in Bewegung haltendes, sich selbst also gewissermaßen potenzierendes Medium. Und was im Schreiben genuin geographischer Texte der Geographie in diesen selbst und aus diesen heraus geschieht, das kann auch dadurch geschehen, dass sich verschiedene Individuen aufgrund einer gemeinsamen Teilhabe am Irdischen auf das wirkliche berührende Geschehen einer Sprache des Irdischen einlassen.

So oder so – die genuin geographische Herausforderung liegt in jedem Falle darin, dieses sich selbst in Bewegung haltende und potenzierende Medium möglichst vielfältig und vielschichtig aufleben zu lassen, so, dass sich für alle wahrhaft Beteiligten ein möglichst großes Spektrum von Zugängen zum Irdischen-in-der-Lage-Sein auftun kann und in Hinblick auf die Frage, wie es weiterzuleben gilt, ausloten lässt. Oder anders gesagt: So, dass sich uns eine möglichst große *Vielfalt* von Erfahrungen eines wirklichen Berührtwerdens eröffnet, durch die wir uns dessen, worauf herrschende Umstände für andere und für uns selbst jeweils hinauslaufen, aber auch – durch einen neuen Anfang – in verwandelter Weise neu hinauslaufen *könnten*, besser oder überhaupt erst gewahr werden können. So also, dass die Möglichkeits- und Notwendigkeitsräume des irdischen In-der-Lage-Seins, in die hinein es genuin geschichtliche Ereignisse bedeutende genuin kulturelle und wahrhaft irdisch-soziale Praktiken zu entwerfen gilt, für alle Beteiligten in ihren *Spielräumen, in ihren verschiedenen Möglichkeiten und Grenzen* zur Darstellung kommen.

Mit dem letzten Satz stellt sich nun besonders deutlich heraus, dass die genuin geographische sprachliche Herausforderung auch daran geknüpft ist, eine gewisse *Räumlichkeit* der Möglichkeits- und Notwendigkeitsräume, der irdischen Lagen hervortreten zu lassen – eine Räumlichkeit, die den genuin geschichtlichen Vollzügen, die sich in diesen irdischen Lagen anbahnen, Spiel zu geben vermag. Zugleich lässt sich diese Räumlichkeit auch als die eines *genuin gelebten politischen Raumes* verstehen – wobei hier noch einmal zu betonen ist, dass ‚genuin‘ nicht nur auf ein Hervorbringendes, Entstehen-Lassendes verweist, sondern immer auch im Sinne von ‚authentisch‘, ‚echt‘, ‚wirklich‘, ‚eigentlich‘ zu verstehen ist (wodurch nämlich all zu deutlich wird, dass das, worum es hier geht, allerweitest von dem entfernt ist, was heutige Politiker zumeist tun). Die sich immer wieder neu zur Darstellung bringende Sprache des Irdischen, die Fragen irdischer Existenz betrifft, vermag also als immer offen bleibendes, sich selbst bewegendes Ganzes einen sprachlich vermittelten politischen Raum aufzuspannen, in dem sich alle wahrhaft Beteiligten wirklich und wahrhaftig berühren und bewegen lassen können und dadurch ebenso wirklich und wahrhaftig – ihrem Gewissen verpflichtet – dahingehend positionieren können, was sie wie gestalterisch versuchen können und wollen und was nicht.

So kann genuine Geographie sich in ihren *genuin* politischen Aspekten und Momenten zeigen. So kann sie nämlich politisch werden, ohne einen bestimmten politischen ‚Standpunkt' aus einer Reihe von Standpunkten einzunehmen oder sich dem üblichen Selbstverständnis zu verschreiben, ‚Politische Geographie' untersuche (zumeist in empirisch orientierter Weise) ‚Beziehungen zwischen Macht und Raum'. Genuine Geographie führt uns vielmehr dazu, das Politische wieder anfänglicher zu denken, und dies auch in dem Sinne, dass es uns wieder auf die *räumlichen* Anfänge des Politischen stößt – darauf, dass das Politische im Raum der *Polis* ihren Anfang nahm. Das Räumliche der irdischen Notwendigkeitslagen einer genuinen Geographie lässt sich freilich nicht mehr auf eine Stadt (oder einen Staat) beschränken, es ist vielmehr in Bezug auf einen alle angehenden irdischen Raum zu denken, in dem und aus dem heraus sich genuine Geschichte zu schreiben vermag.[22] Der irdische Raum in seiner uns angehenden, stets offen bleibenden Ganzheit wird zu einer Art ‚irdischer Polis'.

Gleichwohl sind es – ‚trotz' der Abwendung von derzeit üblichen Selbstverständnissen von ‚Politischer Geographie' – in einem weiten Sinne auch Fragen der Macht, die eine solche genuin politische Geographie notwendig werden lassen. Und zwar deswegen, weil es *herrschende* Umstände sind, angesichts derer die genuin politischen Potenziale und Notwendigkeiten einer genuinen Geographie hervortreten. Denn *herrschende* Umstände können ja nicht nur als ‚herrschend' im Sinne von ‚derzeit waltend' oder ‚derzeit wirkend', sondern zugleich auch als ‚herrschend' im Sinne von ‚Macht habend' verstanden werden – und zwar ganz losgelöst von der Frage, welche konkreten Personen, Parteien oder Regime die Macht ‚haben' oder an der Macht sind. ‚Herrschende Umstände' sind dann als besonders starke, besonders durchdringende und bestimmende, besonders beharrliche Umstände zu verstehen, die derzeit walten und wirken. Es sind also Umstände, unter denen es besonders *schwer*, aber auch besonders notwendig ist, das Schicksal derjenigen, deren Existenz auf dem Spiel steht, abzuwenden, indem ihnen ein wie auch immer gearteter genuin geschichtlicher neuer Anfang bereitet wird. Es sind Umstände, in denen es besonders schwer ist, genuin kulturelle beziehungsweise wahrhaft irdisch-soziale Praktiken zu entwerfen, die für alle Beteiligten trag- und zukunftsfähig sind, und daher auch Umstände, in denen es ein *besonders vielfältiges und vielschichtiges* Ausloten der Spielräume, Möglichkeiten und Grenzen der irdischen Lagen geben muss, aus denen sich not*wendige*, also *die Not wendende* genuine Geschichte zu ereignen vermag. Das Vermögen einer genuinen Geographie, sprachlich vermittelte genuin politische Räume entstehen zu lassen, durch deren Erleben man im oben skizzierten vielschichtigen Sinne *einfach nicht fortfahren kann, als wäre nichts geschehen*, ist dann also besonders gefragt.

Aus dem Gesagten lässt sich aber auch noch mehr lernen:

Zum einen lässt sich das Tragende, das in zukunftsfähige Verhältnisse Hinein*leitende* und insofern *Wegbereitende* der Geographie nun noch in einer weiteren Hinsicht verstehen. Dann, wenn (wie in diesem Kapitel) herrschende Umstände im gerade skizzierten Sinne und als Gefahr für irdisches Leben gedacht werden, erweist sich dieses Wegbereitende nämlich besonders deutlich als ein *Wegbereitendes in raumgebender Weise*. Genauer formuliert: Es wird nun besonders gut verstehbar als ein Wegbereitendes in einer Weise, die Möglichkeiten genuiner Geschichte, welche einem sich ansonsten abzeichnenden drohenden Verlust irdischer Individualitäten und irdischer Vielfalt entgegenwirken, überhaupt erst und immer wieder neu *Raum* zu geben vermag. In diesem ‚Wegbereiten in raumgebender Weise' liegt auch das *kritisch-erschließende* Potenzial der Geographie, welches (im zäsurartigen und zerteilungsvorgängigen Sinne) anfänglichere Verhältnisse bereitet – und zugleich die Möglichkeit einer *genuinen* kritischen Geographie, der es wahrlich nicht um ‚bloße Kritik' geht – um ‚Kritik' (miss)verstanden als Ausdruck des Ablehnens oder Verurteilens – und die den Bezug zum griechischen *krisis* im Sinne von ‚Wendepunkt' wahrt. Genuine Geographie lässt also auch den Bereich der derzeitigen ‚Kritische Geographie' nicht unberührt. Von ihrem Wesen her ist sie genuin kritisch.

Zum anderen stellt sich hier auch eine genuine Alternative zu bestimmten ethik- oder gesetzesbezogenen Einstellungen oder Vorhaben dar: zu solchen Einstellungen nämlich, die entweder davon ausgehen oder gar sich darauf verlassen, dass „das Menschengeschlecht in seinen Individuen wie in seinen Völkerschaften seinem eignen Entwicklungsgang nach *ethischen Gesetzen* folgt" (158, Hervorhebung B.Z.), wie es bei Ritter der Fall zu sein scheint, und zu solchen Vorhaben, die gar an der Festlegung solcher ethischer, oder besser gesagt: moralischer[23] Gesetze arbeiten – als könne man grundsätzlich sinnvoll *vorschreiben*, wie man sich konkret ‚am besten' zu verhalten habe. In genuiner Alternative dazu hat die Geographie das Potenzial und somit auch die Verantwortung, in Form eines *Wegbereitens-in-raumgebender-Weise* für trag- und zukunftsfähigere Verhältnisse Sorge zu tragen.

17

Auch wenn sich das in raumgebender Weise Wegbereitende, das das genuine Potenzial der Geographie ausmacht, im letzten Kapitel über die Aufdeckung einer genuinen Politischen Geographie (oder genuin politischen Geographie) besonders deutlich herausschälen ließ: Im Grunde sind auch die in den vorigen Kapiteln skizzierten Möglichkeiten des Vollzugs einer genuinen Geographie – welche die Begriffe der Physischen, Kultur- und Sozialgeographie neu aufleben ließen – in raumgebender Weise wegbereitend für eigentlich fällige Möglichkeiten genuin-geschichtlicher Vollzüge, durch die die Trag- und Zukunftsfähigkeit irdischer Verhältnisse erhöht wird. Alle diese kritisch-erschließenden Zugänge zu den jeweiligen Bezeichnungen, Selbstverständnissen, Aufgaben oder Potenzialen der derzeitigen ‚Subdisziplinen' der Geographie haben natürlich auch mit (jeweils) *herrschenden Umständen* zu tun, zu denen sich in genuin geographischer und genuin geschichtlicher Weise verhalten wird. Alle involvieren auch Antizipationen dessen, worauf herrschende Praktiken – auch die *in einem selbst* zu sehr zur Gewohnheit, zu sehr zur Selbstverständlichkeit gewordenen Praktiken – hinauslaufen, und zwar in einer Weise hinauslaufen, die einen Verlust an irdischen Individualitäten oder irdischer Vielfältigkeit, an Erdung, an irdischer Qualität, kurz: an Irdischsein (oder *Irdizität*) bedeuten, ebenso wie sie alle Antizipationen dessen involvieren, wie es demgegenüber zu einer Wahrung beziehungsweise einem Zuwachs an Irdischsein kommen kann. Zugleich involvieren sie alle Antizipationen eines drohenden Verlustes an Geographizität – und das heißt auch: an geographischem Leben – ebenso wie Antizipationen von Möglichkeiten eines wahren Gewinns an Geographizität und somit geographischem Leben. Es handelt sich nun eben – anders als es in den letzten Jahrzehnten zunehmend der Fall war und auch zunehmend selbstverständlich wurde – *nicht mehr* um ein bloßes Nebeneinander von verschiedenen ,Geographien', die von ihren jeweiligen sogenannten Nachbarwissenschaften kaum noch unterscheidbar sind und somit mit diesen jeweils mehr gemein haben, als miteinander, sondern vielmehr um Vollzüge einer im Grunde immer wieder neu aufs Ganze und dem Ganzen auf den Grund gehenden, ein eigentliches Wesen der Geographie vollziehenden Bewegung, in der genuin Physisches und genuin Kulturelles, wahrhaft Irdisch-Soziales und genuin Politisches in lebendiger, untrennbarer Weise miteinander verflochten ist und die sich nur *mal mehr in diesen, mal mehr in jenen Aspekten und Momenten* zur Darstellung bringen kann. Wie eben im vorliegenden Text selbst, der sich im Zuge *einer* genuin geographischen Bewegung mal mehr in seinen genuin kulturgeographischen, mal mehr in seinen genuin physischgeographischen, sozialgeographischen oder politischgeographischen Aspekten und Momenten zeigt, ohne dass sich diese jeweils isolieren oder aus der aufs Ganze gehenden Gesamtbewegung herauslösen ließen – ja mehr noch: ohne dass es die einen ohne die anderen gäbe. Selbst eine genuine Physiographie, die sich dadurch vollzieht, dass sie naturwissenschaftliche Sprachen oder Zugänge ins Irdischere wendet, hat *im Grunde* ja immer auch wahrhaft irdisch-soziale, genuin kulturelle und genuin politische Züge – letztere ja dadurch, dass sie uns durch ihre Weise des Schreibens einen Raum aufzuspannen mag, der uns die Notwendigkeit einer Entscheidung darüber spürbar werden lässt, ob man den Naturgebilden der Erde ihr (Eigen-)Leben zu gewähren sucht oder nicht. Und umgekehrt wahren genuin kultur-, sozial- oder politisch-geographische (textliche) Bewegungen *selbst dann*, wenn sie die klassischen Gegenstände der bisherigen ‚Physischen Geographie' nicht explizit thematisierten, eine genuin physische Qualität, sobald sich in ihnen ein Unverfügbares, Unplanbares oder Unforcierbares, ein wie von selbst Geschehendes oder sich selbst Hervorbringendes *zur* Darstellung bringt, ohne das es die lebendige Bewegtheit einer genuinen Geographie gar nicht gäbe.

Und so werden sich anhand geeigneter Materialien auch die genuinen Eigenarten, die anfänglicheren Potenziale hier bisher noch nicht explizit behandelter ‚Teilbereiche' der Geographie aufdecken lassen, um sie Teil der aufs Ganze und dem Ganzen auf den Grunde gehenden genuin geographischen Bewegung werden zu lassen. Dass und wie das zum Beispiel für die heutige Verkehrsgeographie möglich werden könnte, hat sich in diesem Buch ja schon dadurch angedeutet, dass zwischen einem bloß verkehrsmäßigen Berühren und einem wirklichen In-Berührung-Kommen differenziert wurde, welches genuin geographische und natürlich auch genuin geschichtliche Vollzüge ermöglicht. Eine Bevölkerungsgeographie würde da beginnen können, genuin geographisch zu werden, wo sie sich – frei von den Beschränkungen eines an Kennzahlen oder statistische Zugänge gebundenen Bevölkerungsbegriffs – darauf verstehen lernt, dass *und* wie sich anhand der Bevölkerungs- oder Migrationsdiskurse Fragen irdischen Lebens *zur* Darstellung bringen lassen, die nicht nur immer komplexer sind, als es auf den ersten Blick oder aufgrund gewohnter Zugänge den Anschein hat, sondern die vor allem im Grunde alle angehen und daher auch unser antizipatives *Gespür* dafür wachsen lassen können, worauf bestimmte Entwicklungen in Hinblick auf einen möglichen Verlust *oder* möglichen Gewinn an Irdischsein hinauslaufen – oder worauf sie eben ganz anders, als man bisher dachte, hinauslaufen *könnten*. Und in Hinblick auf die derzeitige Wirtschaftsgeographie läge die genuin geographische Herausforderung darin, angesichts herrschender Umstände (und immer auch sich ständig wandelnder Umstände) in wegbereitender Weise *immer wieder neue* Möglichkeiten und Notwendigkeiten von Praktiken des Wirtschaftens *zur (!) Darstellung zu bringen*, die uns irdischer werden lassen (indem sie uns selbst als Irdischen, aber auch anderem und anderen Irdischen gerecht zu werden suchen) und daher einen Gewinn statt Verlust an Irdizität und zugleich Geographizität bedeuten – und dies wiederum so, dass man *einfach nicht fortfahren kann, als wäre nichts geschehen*[24] (also auch ein Nichts). Dadurch würde auch der Begriff des Wirtschaftens wieder anfänglicher verstanden werden, nämlich als ein Begriff, der über das altgriechische *oíkonomos* nicht nur auf *oíkos* (Haus) und *nómos* (Gesetz oder Regel), sondern auf *oíkos* und das gegenüber *nómos* ursprünglichere *némein* (,aus-, ver-, ordnungsgemäß zuteilen, lenken, leiten') verweist:[25] Denn eine genuine Geographizität wahrende Wirtschaftsgeographie stößt uns unweigerlich auf in einem selbst nicht spurlos vorübergehende, also Entscheidungen bedeutende Fragen des Wirtschaftens, die, wie Ritter (mit Herder) sagen würde, das ,Wohnhaus des Menschengeschlechts' betreffen und zugleich Fragen des Haushaltens und Zuteilens beziehungsweise *Verteilens* sind, und zwar auch „für die künftigen Jahrtausende" (161), also auch für und in Hinblick auf zukünftige Generationen. In jedem wahrhaft irdischen Wirtschaften – und jeder genuin wirtschaftsgeographischen Bewegung – waltet eben auch in dieser Hinsicht ein Gewähren-Wollen irdischen Lebens.

Freilich handelt es sich bei all diesen Möglichkeiten, ein eigentliches Wesen der Geographie zu vollziehen, dann *nicht* mehr um eine Geographie, die sich alle möglichen empirisch erfassbaren Phänomene (aller möglichen Bereiche der Erdoberfläche, auf unterschiedlichsten Skalen) zum Gegenstand macht, um unsere Kenntnisse über diese zu vermehren und in herrschende Diskurse einzubetten. Es handelt sich vielmehr um eine Geographie, die gestalterisch, entwerfend tätig ist, indem sich in ihr anhand von Materialien, die von unserer Situiertheit in den irdischen Phänomenen zeugen, sprachliche *Grund*lagen hervorbringen – sprachliche Grundlagen, die immer in Bewegung bleiben und uns immer wieder neu spüren lassen, dass wir als Irdische in Möglichkeiten und Notwendigkeiten stehen, auf

eine nicht und nie völlig planbare Weise in Verhältnisse des Irdischen hineinzufinden, die sich als genuin
kulturell, wahrhaft irdisch-sozial, genuin politisch, im
anfänglicheren Sinne wirtschaftlich (und so weiter) bezeichnen lassen. Von ihrem eigentlichen Wesen her ist
Geographie somit eine – wahrlich der Gefahr eines
wissenschaftlichen Elfenbeinturms völlig enthobene –
*Grundlagen*wissenschaft, wenngleich eine *abgründige*
*Grund*lagenwissenschaft. Und dies heißt auch, dass sie
von ihrem Wesen her in Bewegung bleibende *irdische*
Grund*lagen*wissenschaft ist, also sprachlich vermittelte, in raumgebender Weise wegbereitende Grundlagenwissenschaft des *Irdischen*-in-der-*Lage*-Seins (im
genitivus subjectivus und *objectivus*), die uns als Irdische alle angeht und in nie zu vollendender Weise in
not*wendige*, zukunftsfähigere irdische Verhältnisse hi-
neinzuleiten vermag. Entsprechend dieser Unabschließ-
barkeit lässt sich diese Grundlagenwissenschaft Geographie auch als sich immer weiter*bildende* (und weiter
*heraus*bildende) irdische Grundlagen*bildung* bezeichnen, die zugleich eine Art sich lebendig vollziehende
und bleibende irdische Grundlagentheoriebildung ist.

18

Sobald aber die verschiedenen Teilbereiche der Geographie – beziehungsweise ihre Materialien – in ihren
genuinen Eigenarten aufgedeckt und zugleich so vollzogen werden, dass sie Teil eines solchen, dem Ganzen
auf den abgründigen Grund gehenden irdischen Grundlagen*geschehens* werden, macht es gar keinen rechten
Sinn mehr, noch von verschiedenen (Teil-)*Bereichen*

der Geographie oder von verschiedenen Subdisziplinen der Geographie zu sprechen. Es handelt sich dann um ein Verhältnis von einem ‚Ganzen' der Geographie und seinen ‚Teilen', das völlig anderer Art ist, als Geographen es bis heute zu denken gewohnt sind – und als es sich in einer und durch die Fixierung auf das Positive, das Empirisierbare der Wissenschaften auch bereits bei Ritter darstellt, zum Beispiel da, wo er von „Planetenräume[n]" (176) oder vom „reiche[n] Territorium der tellurischen Gebiete der geographischen Wissenschaft" (167) spricht. Hier wird das Verhältnis des Ganzen (der Geographie) zu seinen Teilen zumindest implizit als Frage von Bereichen und Unterbereichen gefasst – egal ob von wissenschaftlichen Bereichen beziehungsweise Gebieten und/oder von erdräumlichen Bereichen/Gebieten gesprochen wird.

Sicherlich: Ritter *meint* sich einem anderen Bild, einem organischen Bild vom Ganzen und seinen Teilen verschrieben zu haben, spricht er doch davon, dass

die geographische Wissenschaft […], vermöge der ihr eigenthümlichen Natur, anfänglich nur aus der gesonderten Betrachtung isolirter örtlicher Einzelnheiten der Räume […] hervortreten [konnte], um allmählig erst durch *Ansatz* zu *wachsen*, bis sie mit der Entdeckung des ganzen Objects ihrer Aufgabe, nämlich des *ganzen* Erdballs *in allen seinen Theilen*, nun erst zur eigenen Erkenntnis ihres Wesens gelangen lernte […]. (156, Hervorhebungen B.Z.)

In (s)einer Logik der Planetenstellen aber – in der das Ganze als das Ganze des Erdballs eben ein *Objekt* wird – bekommt sein Bild vom ‚Wachsen durch *Ansatz*' geradezu mechanischen Charakter, es verkommt zu einem Bild vom ‚Wachsen' durch bloße ‚*Dranset-*

zungen', durch bloße Hinzufügungen zusätzlicher Bereiche bis hin zum endlichen Erreichen des ganzen Umfangs des Erdballs, durch das man die Anfänge der Geographie endlich hinter sich lassen kann.

Aber so kann man dem ständig unaufhörlichen Geschehen einer genuinen Geographie nicht gerecht werden, so vergisst man das immer wieder neue *Ansetzen* einer anfänglich *bleibenden* und wieder anfänglich *werdenden* Geographie.

Genuine Geographie lässt sich daher weder auf bestimmte Bereiche reduzieren oder begrenzen, noch als Summe, Nebeneinanderher oder System bestimmter Bereiche des Geographischen fassen – selbst dann nicht, wenn diese, wie bei Ritter, als *historisch* veränderlich gehandelt werden (und erst recht dann nicht, wenn diese historischen Veränderungen, wie bei Ritter, in einer Logik des Fortschritts gedacht werden). Jegliches Fixiertsein auf *Bereiche* oder Territorien – und zwar der Geographie wie der Erdoberfläche – bleibt zu sehr an *herrschende* Raster oder Kategorisierungen gebunden, letztlich aber an die herrschenden Umstände einer modernen Metaphysik, in der ein Subjekt einer Vielzahl von ihm getrennter Objekte gegenübersteht.[26] Stattdessen gilt es, in lebendigen Vollzügen, aus einem irdischen In-der-Lage-Sein heraus und somit *auf je eigene Weise* für (im zäsurartigen und zerteilungsvorgängigen Sinne) anfängliche, trag- und zukunftsfähigere irdische Verhältnisse wegbereitend zu sein. Aus eigenen gelebten Erfahrungen heraus und/oder anhand von individuell immer wieder neu auszuwählenden Materialien, die – wie eben gerade die der geographischen Tradition – auf irgendwie ja immer *andere* Weise von unserer Situiertheit in den

Naturgebilden der Erde und/oder als Bewohner dieser Erde zeugen (auch wenn diese noch von einer Logik der Planetenstellen dominiert sein sollten) und uns daher auch immer wieder neue Gelegenheiten bieten, uns in unserem irdischen In-der-Lage-Sein zu erfahren. Bei einer genuin geographischen Bewegung muss es sich eben (was Ritter nicht bedacht hat) *wirklich und wahrhaftig*, das heißt stets in Inhalt *und* Form, um eine „Aufgabe der Individualitäten, der Erscheinungen, die überall aus den generellen hervortreten" (176), handeln.[27] Und gerade indem im Vollzug einer genuinen Geographie irdische Individualitäten hervortreten, kann auch die Individualität der Geographie hervortreten, die sich eben keinem *bestimmten* Bereich, keiner festgelegten Kategorie zuordnen lässt und gerade deswegen *alle angeht*, anders gesagt: ein *allen* Irdischen *als* Irdischen *Gemeines* und in *diesem* Sinne auch *Allgemeines* betrifft. So vermag eine genuine Geographie – und zwar tatsächlich „vermöge der *ihr eigenthümlichen* Natur" (156, Hervorhebung B.Z.) – genuin geschichtlichen Vollzügen Raum zu geben, die im Fach Geographie sowie in der Wissenschaftslandschaft als Ganzes genauso fällig sind wie außerhalb der Wissenschaften – wenn man dann überhaupt noch von einem ‚Außerhalb' der Wissenschaft sprechen darf, sind doch in diesen aufs Ganze gehenden und auch den ganzen Menschen, das heißt nicht nur seine Rationalität involvierenden lebendigen Vollzügen Wissenschaftliches und Außerwissenschaftliches gar nicht mehr strikt voneinander zu trennen.

19

Die Trennung zwischen Wissenschaftlichem und Au-
ßerwissenschaftlichem wurde allerdings auch in der
bisherigen ‚wissenschaftlichen Geographie' noch nie
strikt vollzogen, wie sich selbst und gerade an der
Sprache der Physischen Geographen zeigt, die nie eine
streng szientifische Sprache war – wie sie die sogenannten harten Naturwissenschaften für sich in Anspruch nehmen[28] –, sondern die immer von einer gewachsenen, alltagsweltlichen Sprache durchdrungen
oder geprägt blieb (Wolken, Bergrutsch, Flußaue et
cetera). Aber gerade dieser Zug der Geographen zur
Alltagssprache – oder besser: zu einer geschichtlich gewachsenen, lebensweltlichen Sprache, zu einer Sprache,
die gegenüber konstruierten Definitionssprachen oder
einer metaphysisch abgehobenen Begriffssprache eine
„vollständiger gereift[e]" (179) Sprache ist, um wieder
auf eine Formulierung Ritters zurückzugreifen –[29]
gerade dieser sicherlich auch durch die Traditionen der
Reisebeschreibungen und der Gelände- oder Feldarbeit
mitgeprägte Zug ist ein großes Potenzial, wenn man
genuin geographisch denken will. Dies sicher nicht,
weil uns eine derart gewachsene Sprache im Zuge
eines genuin geographischen Denkens auf ganz konkret lokalisierbare, gegebene Heimaten oder gar Territorien zu verweisen hätte – „wie die edelste Dattel nur
der libyschen Palme entfällt" (179) – denn als gegeben
und konkret greifbar vorgestellte Heimaten sind noch
keine *irdischen* Heimaten oder Lagen. Auch nicht
(allein) deswegen, weil man an einer vollständiger
gereiften Sprache wie an einer vollständiger gereiften
statt unreifen Frucht grundsätzlich mehr Freude hätte.

Dass die gewachsene und daher gereifte Sprache ein so großes Potenzial hat – in Hinblick auf eine genuine Geographie, die das Nichts nicht aus den Augen verliert – liegt vielmehr an einem anderen Umstand: Nämlich daran, dass sie als eine *in lebendigen Zusammenhängen entstandene* Sprache aufgrund der ihr stets innewohnenden verschiedenen Sinnschichten und Bezüge besonders vielfältige Möglichkeiten eines genuin geographischen *Zur*-Darstellung-Bringens bietet. Eine solche Sprache spannt einen *Raum* von Möglichkeiten auf, sich auf den abgründigen Grund verstehen zu lernen und auf diese Weise *sich* bewegende Textformen hervorzubringen, die unser Denken in vielfältigster Hinsicht wieder irdischer werden lassen. Indem sie eine Sprache ist, in der man sich immer schon bewegt und die uns doch, gerade *weil* wir uns in ihr immer schon bewegen, *wie zum ersten Mal begegnen kann,* indem uns in ihr und durch sie etwas aufgeht (und das ist der entscheidende Punkt!), bringt sie in einer den menschlichen Geist belebenden Weise Leben in die Geographie – und geht uns dabei zugleich in einer Weise an, die unsere irdische Identität nicht unberührt lässt, sondern vielmehr ins Irdischere und daher auch Anfänglichere wandelt. Dieses Potenzial hat, so scheint es mir, die deutsche Sprache in besonderer Weise – zumindest ist es doch frappierend, was sich im vorliegenden Buch durch die sprachlichen Zusammenhänge zwischen *Lage*, In-der-*Lage*-Sein und Grund*lage(n)* oder auch durch Wendungen wie ‚Zur-Darstellung-Bringen‘, ‚weites Feld‘ oder ‚mit allem und nichts zu tun haben‘ an wesentlichen Zügen der Geographie zu eröffnen vermag, wenn man sie wie zum ersten Mal liest, zum ersten Mal erfährt.

Aber natürlich bedarf es des menschlichen Geistes – und zwar eines *freien* menschlichen Geistes – damit es zu solchen Begegnungen mit einer irdischen Sprache – und der geographischen Tradition – überhaupt kommen kann. Ebenso wie es eines freien menschlichen Geistes bedarf, damit bisher noch nicht verwirklichte Formen genuiner Kultur des Irdischen überhaupt entworfen, erdacht, erfunden, entdeckt werden können. Die Zukunfts- und Leitfähigkeit der Geographie wird somit zur Frage eines Denkens, das ohne entdeckende ‚Einbildungskraft' gar nicht denkbar wäre.

Allerdings darf man sich dabei nicht von dem Wort ‚Kraft' in ‚Einbildungskraft' irreführen lassen, suggeriert dieses doch – über das englische *force* – eine Forcierbarkeit, die es in einem genuinen geographischen Denken – das *sich* immer ereignen muss, das sich immer selbst hervorbringt, das immer aus sich selbst heraus geschieht – überhaupt nicht gibt. Ganz gemäß der *sich* ständig und immerfort wandelnden Naturgebilde der Erde, ganz gemäß der der Geographie „eigenthümlichen *Natur*" (156, Hervorhebung B.Z.), die auch in ihren textlichen Darstellungen immer ein Eigenleben aufweist. Deswegen darf man, wenn im Zuge einer genuinen Geographie von ‚Geist' die Rede ist, auch nicht davon ausgehen, dass damit ein jeglicher Physis dichotom entgegengesetztes *rein* geistiges Reich des puren Sinns oder der puren Sinnbildung gemeint sei. Ohne die Erfahrung, dass sich Begrifflichkeiten, sprachliche Wendungen, Textstellen oder eben auch ganze Texte ‚irgendwie' nicht mehr so lesen lassen wir vorher, ohne also die Erfahrung und die (gespürsartige) *Sens*ibilität dafür, dass die Begrifflichkeiten, Wendungen, Textstellen ein *Material* sind, das sich eingefahrenen Sinnzuschreibungen entzieht und – als *eigenständiges* Material, wie die Naturgebilde der Erde – *sein* Recht auf eine neue, bisher so noch nicht gesehene Lesarten (oder Verhaltensweisen, Zugangsweisen) einfordert, ohne dies ist ja das den Geist so belebende und selber Geist erfordernde *Lesen wie zum ersten Mal* gar nicht zu haben. Und ist auch das Beseelte, das Eigenleben der so entstehenden Texte einer genuinen grundlagenwissenschaftlichen Geographie gar nicht zu haben. So frei der Geist für eine zukunftsfähige, tragfähige Geographie daher auch sein muss – nie ist er frei in dem Sinne, dass er sich von jeglicher Materialität und von jeglicher Physis, von allem Physisch-Irdischen völlig loslösen würde. Genuine *Geo*graphie, ihre Textfelder und Sprache des Irdischen In-der-Lage-Seins bleiben auch in diesem Sinne immer *erdhaft*. Zumal das Genuine, das Authentische einer genuinen Geographie ohnehin bedeutet, dass das, worum es geht – und das heißt zugleich ja auch: das, wo *es hin*geht –, immer auch durch die Bewegung der Texte selbst *verkörpert* wird. Und durch das Gespür, das diese Bewegung leitet, verkörpert ist.

Sicher: Das Physisch-Irdische oder Irdisch-Physische ist dann nicht mehr als etwas zu verstehen, *von* dem man – im Gegensatz zu Zeiten eines der Vergangenheit zugeschriebenen „Anfang[s] der Menschengeschichten" (165) – möglichst frei zu sein hätte, wie es Ritters Text aufgrund der in ihm vorherrschenden Logik der Planetenstellen und der Vorstellung einer möglichen „[Vollendung der] Ausbildung des tellurischen Erdrings" (174) suggeriert.[30] Gelesen in einer ‚Logik' irdischer Lagen, oder besser: im Vollzug eines irdischen In-der-Lage-Seins ist das Physisch-Irdische beziehungsweise Irdisch-Physische vielmehr etwas, das wir, *auch* in uns selbst, überhaupt erst und immer wieder neu entdecken müssen, weil aus ihm immer wieder neu die Möglichkeit erwächst, auf individuelle Weise die Freiheit *zu* denjenigen genuinen Anfängen von ‚Menschengeschichten' zu finden, die uns zukunftsfähiger werden lassen.

20

So lässt sich nun aber auch wieder auf den Anfang des vorliegenden Buches zurückkommen. Denn derartige geographisch bereitete genuine ‚Anfänge der Menschengeschichten' bedeuten freilich einen Wandel hin zum Irdischen und insofern einen ‚irdischen Wandel', der ganz anderer Art, weil viel grundlegender ist als der ‚Wandel' des heute in aller Munde seienden beschleunigten *Globalen Wandels*, für den sich – wie zu Beginn dieses Buches erwähnt wurde – Geographen bisher doch so gerne zuständig fühlen. Ja mehr noch, der genuin geographisch bereitete Wandel *hin* zum Irdischen vermag, wie die vergangenen Kapitel gezeigt haben, für Praktiken wegbereitend zu sein, die Vorgängen des Globalen Wandels gerade entgegenarbeiten – jedenfalls all jenen, die mit einem Verlust an irdischen Individualitäten, an irdischer Vielfältigkeit und Tragfähigkeit einhergehen und somit auch zu den sogenannten Krisen der Moderne beitragen.

Zugleich gibt uns eine genuine Geographie aber nun auch die Möglichkeit, Probleme verstehen und angehen zu lernen, die sich – gerade in Bezug auf die *Forschung* zum Globalen Wandel – durch die eben doch eingeschränkten Möglichkeiten der zur Zeit vorherrschenden objektivistisch-repräsentationalistischen Wissenschaftsformen ergeben. Denn das Problem ist ja, dass einem solchen Globalen Wandel nicht – zumindest *nicht allein* – dadurch auf eine *wirklich tragfähige, zukunftsfähige* Weise begegnet werden kann, dass auf der Basis des Bestands aktuellen repräsentationalistischen Wissens eine empirische sowie Prognosen oder Szenarien erstellende Erdsystemforschung betrieben wird. Und dies sage ich nicht nur deswegen, weil sich ein Global Change, als ein *genuiner* Wandel, ja nicht auf bereits strikt vorgegebenen oder berechenbaren Bahnen bewegt, geschweige denn sich an konzipierten wissenschaftlichen Modellen orientiert – einmal ganz abgesehen davon, dass unterschiedliche Modelle zu unterschiedlichen Ergebnissen kommen. Ich sage es vor allem, weil ja mittlerweile bekannt ist, dass durch die Bereitstellung des ‚Wissens‘, welches Ergebnis einer solchen Forschung ist, sich an der Bereitschaft der Menschen, ihr Verhalten zu ändern, gemeinhin nichts ändert.[31] Es berührt nicht ihre Identität. Und ich möchte hier hinzufügen: Sie lernen durch dieses Wissen auch nicht anders denken.

Wobei sich nun, nach dem bisherigen Gedankengang des vorliegenden Textes, das Defizit des von der Erdsystemforschung bereitgestellten ‚Wissens‘ *samt* seiner Darstellungsweise auch so auf den Punkt bringen lässt, dass es einfach nicht (mehr) ‚*irdisch erfüllt*‘ ist – um wieder auf eine Formulierung Ritters anzuspielen, die hier dann freilich wieder ganz anders als bei Ritter zu lesen ist. Denn hier bedeutet sie: Ein derart bereitgestelltes Wissen wahrt nicht die uns alle wirklich berührende, weil uns als Irdische existenziell angehende Anfänglichkeit. Anders gesagt: Es mangelt ihm an Zugangsmöglichkeiten zum eigenen irdischen In-der-Lage-Sein, zu eigenen irdischen Notwendigkeitslagen. Nochmal anders gesagt: Es fehlen ihm die lebendige, wahrhaft beseelt erscheinende Bewegtheit, durch die wir für das zu wahrende Eigenleben der sich ständig im Wandel befindlichen Naturgebilde sowie für die Aufgabe, fällige Möglichkeiten genuiner irdischer Kultur zu verwirklichen (mit all ihren wahrhaft irdisch-sozialen, genuin politischen oder im anfänglicheren Sinne wirtschaftlichen Aspekten), überhaupt wach oder offen werden können – und zwar so, dass es uns fortan anders sein lässt. Die Möglichkeit einer genuinen Geographie stößt uns auf dieses wesentliche Defizit wissenschaftlichen Tuns unter den Maßgaben der Moderne, wie es in der heutigen ‚geographischen Disziplin‘, aber auch außerhalb dieser vorherrscht. Genuine Geographie ist daher auch in dem Sinne eine Geographie des ‚alles *und* nichts‘, als sie uns an den Abgrund stellt, in den bisherige Selbstverständnisse der Form sowie des Sinn und Zwecks wissenschaftlichen Tuns stürzen – so, dass diese daraus nur in verwandelter Weise wieder auftauchen können.

Indem Geographie aber an derartigen für die Moderne prägenden wissenschaftlichen Grund*festen* rüttelt, arbeitet sie auch an dem, was man – mit Heidegger gesprochen – eine *Verwindung der modernen Metaphysik*[32] nennen kann. *Genuin geographisch gesprochen* lässt sich diese immer wieder neu zu vollziehende Verwindung als ein immer wieder neu zu vollziehendes *schöpferisches Verwinden* des von der geographischen Community bisher nicht einmal annähernd zugelassenen *Schreckens,* oder auch, im minder schweren Falle, *Staunens* beschreiben: darüber nämlich, dass es keinerlei Grund*festen,* keinen *festen* Grund, kein Fundament der Geographie gibt – und dass *es* Geographie trotzdem geben, dass sie *sich als Geographie* trotzdem vollziehen kann. Indem die Geographie diese mitunter erst einmal alles außer Kraft setzende Erfahrung kreativ verwindet – dadurch, dass sie in das irdisch erfüllende Geschehen einer genuinen Geographie hineinfindet – vermag sie zur Abschwächung der ,Krisen der Moderne', als Krisen der Gegenwart, beizutragen. Und dies in einer Weise, die sich nicht auf das Lindern oder Abschaffen von *Symptomen* konzentriert, sondern die viel radikaler, viel ,grundlegender' ansetzt, indem sie *Möglichkeiten* des Geschehens, die den kritischen Entwicklungen entgegenwirken, in wegbereitender Weise *Raum* zu geben sucht – in Form einer sich lebendig vollziehenden *irdischen* Grund*lagen*bildung. Das ist somit aber auch die *genuine* Alternative zu einer vor-, anti- oder postmodern orientierten Geographie. Genau genommen gibt es Geographie sogar *nur* in dieser genuin geographischen, irdischen erfüllenden Bewegung, die – selbst wenn ihr das nicht bewusst ist – in abgründig-grundlegender Weise den Krisen der Moderne entgegenarbeitet, weil sie ansonsten *auseinanderfällt* – in eine Vielzahl von Bereichen, Territorien, Praktiken, Ansätzen, Identitäten, Spuren oder was auch immer. Die ,moderne wissenschaftliche Geographie', zu deren Gründungsvätern Ritter ja bisher immer gezählt wurde und die manch einer postmodern in eine Beliebigkeit von allem Möglichen aufzulösen versuchen mag, hat es so gesehen *nie* gegeben – jedenfalls nicht, wenn man eine ,moderne wissenschaftliche Geographie' tatsächlich als eine Geographie *moderner* Wissenschaftlichkeit, also als eine Wissenschaft nach den (metaphysischen) Maßstäben der Moderne versteht.

Was es allerdings in der in diesem Sinne nur vermeintlichen Ära der modernen Geographie immer schon gegeben hat und weiterhin gibt, sind ganz lebendig vollzogene *Praktiken* – wie etwa die der anspruchsvollen Geländeerkundung oder die des Sich-wirklich-Einlassens auf Unvertrautes im Zuge von Entdeckungsfahrten –, denen, *ohne* dass es gesehen und ausdrücklich geworden wäre, ganz ‚unmodern‘ die Weise genuin geographisch-geschichtlicher Bewegtheit innewohnt. Was es auch immer schon gegeben hat und weiterhin gibt, sind hier oder da zutage tretende Gebilde unserer Sprache, die sich aufgrund der ihnen innewohnender Sinnschichten dafür eignen, eine genuin geographisch-geschichtliche Bewegtheit zur Darstellung kommen zu lassen. Ferner gab es immer schon und gibt es weiterhin von Geographen erlebte irdische Notwendigkeitslagen, aus denen es förmlich schreit beziehungsweise geschrien hat nach einer genuinen Geographie, die die sogenannte ‚moderne Metaphysik‘, im Grunde aber den Schrecken der eigenen Abgründigkeit schöpferisch verwindet – ohne dass diese Notwendigkeitslagen zur Verwirklichung gekommen oder die Lage(n) als solche verstanden worden wäre(n). Wie sich eine solche Notwendigkeitslage ja auch schon in Ritters beseelter Kritik an den bloß summarisch gehaltenen, jeweiligen Moden hinterherlaufenden, durch bloße „Beimischung“ (181) des Historischen oder durch einen eben nur *aufgedrückten* „Eintheilungsgrund“ (153) gekennzeichneten ‚Geographien‘ andeutet – und somit auch in seinem existenziell wirkenden *Bedürfnis* nach einer lebendigen, wirklichen, ihren guten Sinn und eine Zukunft habenden Geographie – also da, wo (wie in Teil I dargelegt) sein Text einen gewissen Zug aufweist hin zu der Möglichkeit eines genuin geographischen Arbeitens, die im vorliegenden Buch aufgedeckt wird (die Ritter selbst aber wieder entgleitet, weil er wieder in eine Logik der Planetenstellen verfällt). Im Grunde genommen ist die *Gesamtheit* der Materialien der bisherigen Tradition der Geographie nichts als eine solche irdische Notwendigkeitslage, in der und aus der es förmlich schreit nach der hier aufgedeckten Möglichkeit einer genuinen Geographie. Die Zeit ist also reif.

Aber *gerade wegen dieser Umstände und Erfahrungen* ist die ,wissenschaftliche' Geographie – *eigentlich* – nicht nur prädestiniert für die Aufgabe, ein Anfänglichkeiten hervorbringendes Schreiben, ein kritisches Erschließen zu vollziehen, das unser Denken und unsere Sprache aus den Rastern bestehender Festgelegtheiten heraus, oder – eben nur scheinbar alternativ – aus der Beliebigkeit alles Möglichen heraus ins Irdischere und dadurch Tragfähigere und Zukunftsfähigere wendet.

Die Geographie ist wegen dieser Umstände und Erfahrungen gegenüber anderen akademischen ,Disziplinen' – ebenso eigentlich – auch in einzigartiger Weise prädestiniert dafür, uns in ganz lebendiger Form immer wieder und immer weiter dafür zu sensibilisieren, *dass* und *wie* sich *in* eine solche Aufgabe, in ein solches Geschehen überhaupt erst und immer wieder neu *hineinfinden* lässt *und* (!) *wo* beziehungsweise *wie* diese Chance des Hineinfindens wieder *verloren* geht (wie auch der vorliegende Text mit jedem Satz immer wieder neu versucht, Zugangsmöglichkeiten zu dieser Aufgabe und diesem Geschehen und/oder mögliche

Missverständnisse oder nur vermeintliche Zugangs-möglichkeiten aufzudecken)[33]. Die Geographie hat dafür genügend eigenen, aus ihren Erfahrungen und Nöten gewachsenen Spielraum. Anders gesagt: Die Geographie ist aufgrund dessen, was sich aus ihren Erfahrungen und Nöten in ihr als ein offenes Ganzes zu verflechten vermag – und zwar gerade dadurch, dass sie seit jeher nicht nur mit Mensch und Natur, sondern eben mit allem und nichts zu tun hat –, ein *so* weites Feld, dass sie immer schon noch *weiter* ist und daher *anfänglicher* sein kann als ein *jeweiliges* Anfänglichkeiten hervorbringendes, kritisch erschließendes Geschehen. Sie ist somit – wenn sie gelingt – immer auch ein ständiges Hervorbringen der Anfänglichkeit des Hervorbringens von Anfänglichkeit. Sie vermag die Aufgabe eines Anfänglichkeiten hervorbringenden und uns für die Zukunft wieder offen werden lassenden Geschehens also nicht nur zu vollziehen, sondern auch ständig wieder neu zu initiieren und in Gang zu halten, indem sie diesem Geschehen immer wieder neu Raum zu geben vermag. Sie hat somit nicht nur eine Anfänglichkeiten hervorbringende, kritische Erschließungsfunktion, durch die unser Denken und unsere Sprache irdischer und daher tragfähiger und zukunftsfähiger werden kann, sondern aufgrund ihres raumgebenden Wesens immer auch und zugleich eine Initiierungs-Funktion (in Bezug auf ein solches irdische Anfänglichkeiten hervorbringendes Geschehen). In ihr gibt es genügend Grund, diese beiden in der Geographie miteinander zusammenhängenden Funktionen zu erfüllen.

Aber auch *dieser* Grund ist kein Fundament – nichts, auf dem sich die Geographie ausruhen könnte.

Geschweige denn, dass die Geographie sich dann noch auf Fundamente berufen könnte oder müsste, die es *außerhalb* ihrer selbst zu geben scheint – als wäre sie nur ein Beispiel für oder eine bloße Anwendung von etwas, das anderenorts begründet worden wäre (worin ja schon Ritter einen misslichen Zustand sah).[34] Die hier entfaltete genuine Geographie braucht – ganz anders als im ‚Fach' derzeit all zu üblich – keine legitimierende Berufung auf bestehende Diskurse oder auf Ansätze bestimmter Einzelwissenschaften. Sie braucht im Grunde auch keine Terminologie der Geschichte der Metaphysik, keine Interpretation ihrer selbst auf der Basis der Terminologie der von Heidegger aufgedeckten Seinsgeschichte, um sich und die ihr eigenen Potenziale und somit ihren über sie selbst hinausreichenden guten Sinn zu vollziehen. Jegliche genuine Möglichkeit von Geographie, jeder Vollzug genuiner Geographie kommt vielmehr immer *wie aus dem Nichts*, wie man im Deutschen so schön sagt (wobei das englische ‚out of nowhere' auch interessante Aufschlüsse bietet, stößt es uns doch auf einen gewissen u-topischen[35] Charakter der genuinen Geographie, der wahrlich nichts mit einer Unausführbarkeit derselben zu tun hat). Auch das in diesem Buch dargelegte Sich-*zur*-Darstellung-Bringen der genuinen Geographie, das Texte entstehen lässt, die ein Ungedachtes aufdecken, die eigene Keime zur Entfaltung bringen und somit ein Eigenleben haben – auch dieses Sich-zur-Darstellung-Bringen der genuinen Geographie bedeutet ja schließlich nichts anderes, als dass sie nicht von einem feststehenden Fundament getragen wird, sondern immer wieder neu *wie aus dem Nichts* erscheint – und das heißt ja: als von sich selbst getragene und aus sich

146

heraus weiter tragende *Singularität*. So, dass sich – wie in den *wesentlichen* Zügen des vorliegenden Textes – auch gar nicht entscheiden lässt, was wovon stammt: die im Text herangezogenen und auftauchenden Materialien[36] von den Ideen zum Text oder umgekehrt die Ideen des Textes von den in ihm herangezogenen und auftauchenden Materialien. Ebenso wie sich in den wesentlichen Zügen des Buches auch kaum entscheiden lässt, ob ich – als Geographin, als Irdische – über mich selbst, über meine eigenen Vollzüge schreibe – oder von mir selbst abstrahiere. Genuin geographische Texte rufen eben danach, dass man sich im Lesen wie im Schreiben frei von kulturalistischen beziehungsweise herrschenden Zugangsweisen macht – in denen Singularitäten ja gerade verloren gehen – und sich in *existenzieller* Weise auf sie einlässt. Wie auf Dichtung, wie auf wahrhafte Literatur. Wie auf alles, was von einem *freien* Geist zeugt, der immer auch irdisch-physisch, physisch-irdisch ist. Dass sich eine genuine Geographie allem *und nichts* widmet, heißt daher auch, dass sie auf selbst immer singuläre Weise unser Verständnis davon erweitern kann, dass und inwiefern es auch in den Wissenschaften Singularitäten, ein Kunsthaftes geben kann *und muss*. Ihre Anfänglichkeiten hervorbringende kritische Erschließungsfunktion und ihre Initiierungsfunktion verknüpft sich mit dem durch sie selbst verkörperten Aufruf, Wissenschaft – eben *auch* in Bezug auf die Weise, *wie* geschrieben wird, und nicht nur in den allem wissenschaftlichen Schreiben vorausliegenden Praktiken – zu einer Kunst, zu Räumen möglichst freier Geister, zu Räumen eines wirklich *genuinen* Denkens werden zu lassen.

Freilich unterscheidet sich das *genuine* Denken, um das es hier geht, grundlegend von allen Formen eines ‚Denkens', wie es in den Wissenschaften *herrscht*, sobald bestimmte Vorstellungen, Theorien, Ansätze, Moden *herrschen*. Es lässt sich ganz gewiss auch nicht auf ein logisches Schließen reduzieren (ganz gleich ob deduktiver, induktiver oder abduktiver Art), als welches das Denken der Wissenschaften einem häufig noch verkauft wird, weil es dadurch technisch vermittelbar, ja so wunderbar kontrollierbar erscheint. Genuines Denken entzieht sich aller Kontrollierbarkeit, genauso wie es sich aller Forcierbarkeit und aller konkreten Planbarkeit entzieht. Deswegen wird es in Zeiten, in denen Studiengänge mehr und mehr verschult werden und in denen es zunehmend zur Bedingung wissenschaftlichen Überlebens *gemacht* wird, dass man im Werben um finanzielle Mittel eine Forschungsagenda nach der anderen produziert, nach denen man dann jeweils nur noch planvoll zu *machen* (und abzuarbeiten) hat, immer weniger genuines Denken geben.

Aber *eigentlich* auch immer weniger *genuine Bildung* und immer weniger wissenschaftliches ‚Überleben'. Denn es ist ja die Frage, was bleibt. Was bleibt, was bleibenden Wert haben wird, ist immer das, was immer weitere Tragweiten in sich trägt und aus sich heraus erfahrbar werden lässt. Es ist immer das, was gerade nicht nur Mache ist oder bloß konstruiert wird, sondern was in den Gedanken*gängen* eines genuinen Denkens, *weil es dafür Raum gab*, seinen *eigenen*, also dem eigenen Leben und antizipativen Gespür erwachsenen genuin geschichtlichen und somit *Anfänglichkeiten* hervorbringenden *Gang* genommen hat.[37] So,

dass sich – durch diese genuinen Gedankengänge –
einfach nicht fortfahren lässt, als wäre nichts geschehen.

21

Was aber ist nun das Nichts, aus dem sich genuine
Geographie vollziehen *kann*?

Es ist *nichts als* auf eine eigene, geographische Weise existieren, leben, lebendig sein zu wollen – und das
heißt auch: nichts als die Einsicht, ständig wieder neu
vor dem Nichts zu stehen und immer wieder neu aufs
Ganze gehen zu müssen, um sich nicht zu verlieren
oder aufzulösen.

Und es ist zugleich *nichts als* die Verantwortung
und der Anspruch, für tragfähige, zukunfthabende irdische Verhältnisse Sorge zu tragen, soweit möglich –
und das heißt in der Logik irdischer Lagen: so *weit* wie
möglich.

Dann aber ist das weite Feld der Geographie auch so
weit, dass man nicht mehr um dieses Feld herumgehen
kann. Dann ist Geographie also auch so weit, dass sie
un*um*gänglich wird – und zwar unumgänglich in dem
buchstäblichen Sinne, dass sie uns dann nicht mehr *um*
einen genuin geschichtlichen Gang *herum* kommen,
sondern vielmehr *in* Gang kommen, nämlich in einen
genuin geschichtlich-geographischen Gang kommen
lässt. So kann Geographie daher auch genuine Geschichte schreiben, die aber, und das macht ja die
Eigenart *ihres* genuinen Geschichteschreibens aus, immer auch „in ihrem Zusammenhang auf die Natur des
Planeten, als Erziehungshaus des Menschengeschlechts"

(161) gedacht ist. Und so ist die Geographie dann *in ihrem Element*, wie man so schön sagt, *in* ihrem genuin geschichtlichen Element, das sie immer wieder neu sie selbst sein lässt, statt dass sie, wie Ritter, *über* ein historisches Element schreiben oder sich sonstwie *auf* eine „Aufeinanderfolge des Nacheinander" (152) beziehungsweise in ihrem Vorgehen oder in ihren Formen *durch* eine „Aufeinanderfolge des Nacheinander" fixieren und somit verlieren würde.

Freilich: ‚Die Erde als Erziehungshaus des Menschen' – das ist dann *nichts als* der nötige (Spiel-)Raum, durch den wir uns selbst in unserer immer offen bleibenden, nämlich ständig in ein *Weiteres* hinausragenden irdischen Identität überhaupt erst und immer vielschichtiger herausbilden können. Selbst im Lesen und Schreiben von Texten.

Anmerkungen

Einführung

1 Vgl. Barbara ZAHNEN, *Anwendende Klimatologie zwischen Daten und Deutung, Alltagswelt und Klimaphysik. Überlegungen entwickelt am Beispiel einer stadtklimatologischen Studie des Flugfelds Berlin-Tempelhof*, Berlin: Mensch & Buch Verlag 2003.

2 Vor allem auf das Werk Patrick Heelans, vgl. unter anderem Patrick HEELAN, *The Scope of Hermeneutics in Natural Science*, in: Studies in the History and Philosophy of Science 29, Heft 2, 1998, 273–298.

3 Hier und an manchen anderen Stellen des vorliegenden Buches (insbesondere der Einführung) mag die Verwendung von Anführungszeichen beim ersten Lesen unnötig erscheinen. Sie hat aber eine Berechtigung, die sich erschließt, wenn man das Buch in Gänze gelesen hat. Denn einige Begrifflichkeiten verlieren im Zuge des Buches ihre vorherige Selbstverständlichkeit, oder ihre jeweilige Angemessenheit in Bezug auf die Geographie wird fraglich (mehr soll hier noch nicht vorweggenommen sein). Es empfiehlt sich daher eine erneute Lektüre der Einführung nach der Lektüre des gesamten Buches.

4 Vgl. Ute WARDENGA, P. WEICHHART, *Sozialökologische Interaktionsmodelle und Systemtheorien – Ansätze einer theoretischen Begründung integrativer Projekte in der Geographie?*, in: Mitteilungen der Österreichischen Geographischen Gesellschaft 148, 2006, 13.

5 Detlef MÜLLER-MAHN, U. WARDENGA (Hg.), *Möglichkeiten und Grenzen integrativer Forschungsansätze in Physischer Geographie und Humangeographie*, Leipzig 2005 (forum ifl 2), 5.

6 WARDENGA, WEICHHART, Sozialökologische Interaktionsmodelle, 18.

7 MÜLLER-MAHN, WARDENGA (Hg.), Möglichkeiten und
Grenzen, 5.

8 Vgl. vor allem WARDENGA, WEICHHART, Sozialökologi-
sche Interaktionsmodelle, sowie Heike EGNER, B. M. W. RAT-
TER, R. DIKAU (Hg.), *Umwelt als System – System als Umwelt.
Systemtheorien auf dem Prüfstand.* München: oekom 2008.

9 Vgl. dazu auch: Barbara ZAHNEN, *Fragwürdigkeit und Eigensinn der Geographie*, in: Geographische Zeitschrift 93, Heft 4,
2005, 201–220, sowie Barbara ZAHNEN, *Lesen, Zeitlichkeit
und das Geographische der Physischen Geographie*, in:
Geographische Zeitschrift 95, Doppelheft 1 und 2, 2007, 72–90.

10 Diese Vorarbeiten sind bisher nur zum Teil publiziert. Ich
wollte sie ursprünglich als eine Sammlung essayartiger Vorträge und Aufsätze zusammen mit einem Textvorhaben publi-
zieren, aus dem aber dann das vorliegende Buch entstanden ist.
Inzwischen beabsichtige ich die Veröffentlichung einer *Aus-
wahl* der Vorarbeiten (unpublizierte wie publizierte) in einem
eigenständigen Band aus zwei Gründen: nicht nur, damit die
Anbahnungen des hier vorliegenden Buches als solche besser
nachvollziehbar werden, sondern *zugleich* auch, weil ein solcher Band (über einen von mir bereits verfassten einführenden
Text) Gelegenheit bietet, einen aufschlussreichen Zusammenhang der Vorarbeiten zur Darstellung zu bringen.
    Als bereits besonders wichtige, weil für mich selbst beson-
ders bahnbrechende Vorarbeiten, die bereits anderen-orts
publiziert sind, seien hier hervorgehoben: die Essays zum
‚geographischen Takt‘ (Barbara ZAHNEN, *Vollzug und
Sprache Physischer Geographie und die Frage geographischen Takts*, in: Social Geography 6, 2011, 47–61), zur ‚Geographievergessenheit‘ (Barbara ZAHNEN, *Geographievergessenheit*, in: Divinatio – Studia Culturologica Series 34,
2011, 199–228) und zu der Frage eines uns alle berührenden
(geographischen) Erdbewohner-Seins (Barbara ZAHNEN,
Kollektiv Erdbewohner. Das geographische Wir, Zeitschrift für
Medien- und Kulturforschung 2, 2012, 167–184).

11 Vgl. Martin HEIDEGGER, *Was heißt Denken?*, Stuttgart: Reclam 1992 (zuerst 1984), 8.

12 Ebenda, 3.

13 Ebenda, 4.

14 Vgl. Dimitri GINEV, *Critique of Epistemological Reason*. Sofia: Pensoft 2000 (Bulgarian Academic Monographs 5), 94–99. Für eine ausführliche Darstellung dessen, was in den (Natur-)Wissenschaften und in Bezug auf diese gemeinhin ungedacht bleibt, vgl. insbesondere: Dimitri GINEV, *The Tenets of Cognitive Existentialism*. Ohio: Ohio University Press 2011.

15 Vgl. vor allem: Dimitri GINEV, Transformationen der Hermeneutik. Zum Dialog zwischen hermeneutischer Philosophie und wissenschaftlichen Forschungsprogrammen. Würzburg, Königshausen & Neumann 2008.

16 Vgl. Dimitri GINEV, *Essays in the Hermeneutics of Science*. Aldershot: Ashgate 1997, insbesondere Seite 4.

17 Aus Gründen der besseren Lesbarkeit wird auf die gleichzeitige Verwendung männlicher und weiblicher Sprachformen hier und fortan verzichtet. Sämtliche Personenbezeichnungen gelten gleichwohl für beiderlei Geschlecht.

18 Timothy CLARK, *The Poetics of Singularity. The Counter-Culturalist-Turn in Heidegger, Derrida, Blanchot and the later Gadamer*. Edinburgh: Edinburgh University Press 2005.

19 Nikolas KOMPRIDIS, *Disclosing Possibility: The Past and Future of Critical Theory*, in: International Journal of Philosophical Studies 13, 3, 2005, 325–351.

20 Wobei der Umstand, dass ich mit diesen Arbeiten nicht vertraut bin, auch in Zusammenhang damit gesehen werden kann, dass dieses Buch wohl nie hätte so geschrieben werden können, wie es geschrieben ist, wenn ich nicht eine starke Neigung dazu hätte, mich in ein (schreibendes) Denken und (denkendes) Schreiben hineinziehen zu lassen, statt mich damit zu beschäftigen, was sonstwo schon geschrieben steht.

Teil I

1 Vgl. unter anderem Ulrich EISEL, *Die Entwicklung der Anthropogeographie von einer „Raumwissenschaft" zur Gesellschaftswissenschaft*, Kassel 1980 (Urbs et Regio 17, Kasseler

Schriften zur Geografie und Planung), sowie Gerhard HARD, *Die „Natur" der Geographen*, in: Ute LUIG, H.-D. SCHULTZ (Hg.), *Natur in der Moderne. Interdisziplinäre Ansichten.* Berlin 2002 (Berliner Geographische Arbeiten 93), 67–86.

2 Ebenda, 67.

3 Ebenda.

4 Wie zum Beispiel in Manfred MEURER, J. BÄHR, *Geographie – ein Fach im Wandel*, in: Forschung und Lehre 8, 2001, 540–543, und in Maximilian POPP, *Wenn Katrina kommt*, in: Die Zeit 25, 14. Juni 2006. Zu ähnlichen, zum Teil aber auch kritischen Positionen vgl. auch Günter HEINRITZ (Hg.), *Integrative Ansätze in der Geographie – Vorbild oder Trugbild. Münchner Symposium zur Zukunft der Geographie, 28. April 2003. Eine Dokumentation*, Passau, L.I.S. 2003 (Münchner Geographische Hefte 85), und MÜLLER-MAHN, WARDENGA (Hg.), Möglichkeiten und Grenzen.

5 Hans-Rudolf BORK, *Geographie im 21. Jahrhundert*, in: Rundbrief Geographie 205, 2007, 1.

6 So Patrick Hostert in einem Vortrag zum Thema „Nachhaltigkeit als Thema der Geographie" am 6.5.2009 in Berlin. Die Powerpoint-Präsentation des Vortrags findet sich unter: http://www.pik-potsdam.de/research/climate-impacts-and-vulnerabilities/publications/antrittsvorlesung-w.lucht/vortrag_hostert.pdf (letzter Aufruf 29. Juni 2013).

7 Hans-Rudolf BORK, *Geographie im 21. Jahrhundert*, in: Rundbrief Geographie 205, 2007, 1.

8 Vgl. hierzu zum Beispiel Peter WEICHHART, *Physische Geographie und Humangeographie – eine schwierige Beziehung. Skeptische Anmerkungen zu einer Grundfrage der Geographie und zum Münchner Projekt einer „Integrativen Umweltwissenschaft".* In: Günter HEINRITZ (Hg.): *Integrative Ansätze in der Geographie – Vorbild oder Trugbild? Münchner Symposium zur Zukunft der Geographie, 28. April 2003. Eine Dokumentation*, Passau: L.I.S 2003 (Münchner Geographische Hefte 85), 17–34.

9 HARD, Die „Natur" der Geographen, 71.

10 Carl RITTER, *Ueber das historische Element in der geographischen Wissenschaft*, in: Carl RITTER, *Einleitung zur allgemeinen vergleichenden Geographie, und Abhandlungen zur*

Begründung einer mehr wissenschaftlichen Behandlung der Erdkunde, Berlin: Reimer 1852, 152–181.

11 Vgl. dazu verschiedene Arbeiten von Ulrich Eisel, zum Beispiel EISEL, Anthropogeographie, oder Ulrich EISEL, *Individualität als Einheit der konkreten Natur. Das Kulturkonzept der Geographie,* in: B. GLAESER, P. TEHERANI-KRÖNNER (Hg.), *Humanökologie und Kulturökologie. Grundlagen, Ansätze, Praxis.* Opladen 1992, 107–151.

12 Wobei ich die Gemüter der Leserinnen und Leser bereits hier dahingehend beruhigen möchte, dass das Sprechen von einer ‚genuin geographischen Weise' in meinem Fall keine essentialistische Haltung impliziert. Zum Problem eines vermeintlichen Essentialismus im Fragen nach Geographie vgl. auch ZAHNEN, Geographievergessenheit.

13 Sofern keine weiteren Quellenangaben gemacht werden, sind die hier und im Folgenden nach Zitaten angegebenen Zahlen immer Seitenangaben zu RITTER, Ueber das historische Element.

14 Vgl. auch: „Denn das reingedachte gleichzeitige Nebeneinander des Daseins der Dinge ist, als ein *wirkliches,* nicht ohne ein Nacheinander derselben vorhanden. Die Wissenschaft der irdischerfüllten Raumverhältnisse kann also eben so wenig eines Zeitmaaßes oder eines chronologischen Zusammenhanges entbehren, als die Wissenschaft der irdisch erfüllten Zeitverhältnisse eines Schauplatzes, auf dem sie sich entwickeln mußten." (153, Hervorhebung B.Z.).

15 Dies wird in einer spöttischen Bemerkung Ritters deutlich, in der er sich über eine Phase mokiert, in der man „den Stamm der geographischen Wissenschaft dadurch gleichsam erst zu veredeln und ihm seinen wahren Werth zu geben [glaubte], wenn man ihm auch noch die verschiedenen Zweige der Geschichte *einpfropfte"* (155, Hervorhebung B.Z.).

16 Wobei er dabei den Menschen *auch* zur Natur zählt, vgl. zum Beispiel S. 165, wo er von „physisch verschiedenen Völkergruppen" spricht.

17 Vgl. Gerhard HARD, *Zu Begriff und Geschichte von „Natur" und „Landschaft" in der Geographie des 19. und 20. Jahrhunderts,* in: Gerhard HARD, *Landschaft und Raum. Aufsätze zur Theorie der Geographie,* Band 1, Osnabrück: Rasch 1983, 171.

18 Nach der Terminologie von Schiemann wäre die Begründung-
    variante (1) einem „ontologischen Kulturalismus" und die Be-
    gründungsvarianten (2a) und (2b) einem „epistemischen Kultu-
    ralismus" zuzuordnen, vgl. Gregor SCHIEMANN, *Natur –
    Kultur und ihr Anderes*, in: F. JÄGER, B. LIEBSCH (Hg.):
    *Handbuch der Kulturwissenschaften Band 1, Grundlagen und
    Schlüsselbegriffe.* Stuttgart: Metzler, 71f.

19 Ein Umstand, der wohl eher von Humangeographen denn von
    Vertretern der Physiographie herausgestellt wird, vgl. dazu
    zum Beispiel den Abschnitt von Nigel Thrift in Stephan
    HARRISON, D. MASSEY, K. RICHARDS, F. J. MAGILLI-
    GAN, N. THRIFT, B. BENDER, *Thinking across the divide:
    perspectives on the conversations between physical and human
    geography*, in: Area 36, 4, 2004, 438f.

20 Vgl. dazu auch Barbara ZAHNEN, *Bethinking oneself of the
    risk of (physical) geography*, in: Detlef MÜLLER-MAHN
    (Hg.), *The spatial dimension of risk. How geography shapes
    the emergence of riskscapes.* London: Earthscan from Rout-
    ledge 2013, 172f. Wie eine solche Forschung dem genannten
    Anspruch gerecht werden will und kann, ist eine andere Frage,
    die hier nicht behandelt werden kann.

21 Dimitri Ginev diskutiert die Möglichkeit eines solchen
    anderen, nicht-objektivierenden, sondern vielmehr mit der
    Natur in Dialog tretenden naturwissenschaftlichen Tuns und
    Selbstverständnisses aus der hermeneutischen Wissenschafts-
    philosophie heraus und in der Auseinandersetzung mit Herbert
    Marcuses Vision einer „neuen Wissenschaft" (GINEV, The
    Tenets, 143–159). Es ist ein nicht unwichtiger Umstand, dass
    sich jemandem, der wie ich aus der *gelebten* Praxis und Situa-
    tion der Geographie heraus ins Denken geraten ist, ähnliche
    Visionen eröffnen wie diesen Heidegger-inspirierten Philoso-
    phen. Zu einer aus der Geographie heraus gedachten Möglich-
    keit eines Dialogs mit der Natur (beziehungsweise der Erde)
    vgl. auch ZAHNEN, Geographischer Takt.

22 Vgl. ZAHNEN, Geographischer Takt.

23 Indem sich eine derartige als Verortetsein zu verstehende
    Situiertheit im In-der-Lage-Sein mit einem antizipierenden
    Können verschränkt, ergibt sich auch eine Parallele zu dem
    Begriff von Situiertheit, wie er auch in der hermeneutischen

Wissenschaftsphilosophie verwendet und beschrieben wird. Dazu: GINEV, The Tenets, 122f.

24 In Bezug auf den Charakter der Nicht-Kontingenz solcher Notwendigkeitslagen vgl. auch ZAHNEN, Erdbewohner.

25 Womit ich auch auf einen vollzugsartigen aletheischen Wahrheitsbegriff anspielen möchte, wie er durch Heidegger bekannt geworden ist.

26 Dass dies eine existenzielle Ebene irdischen Menschseins berührt, deutet sich zum Beispiel auch in den Erfahrungen von Astronauten an, denen im Weltall die Notwendigkeit eines solchen Umgangs mit den Naturgebilden der Erde gewahr wird, vgl. ZAHNEN, Erdbewohner.

27 Womit ich einer Unterscheidung zwischen Geschichte und Historie nachkomme, wie sie von Heidegger herausgearbeitet wurde, vgl. Martin HEIDEGGER, *Zur Auslegung von Nietzsches II. Unzeitgemäßer Betrachtung „Vom Nutzen und Nachteil der Historie für das Leben"*. Frankfurt a.M.: Klostermann 2003 (Gesamtausgabe Band 46).

28 Freilich ist es auch denkbar, dass auch Historiker in diesem Sinne Geschichte schreiben.

29 Dass ich als eine ehemalige Studentin der Bodenkunde zum Beispiel von mir sagen kann, dass ich, *anders als später*, zu Beginn meines Studiums gar nicht *in der Lage* war, die farblichen Nuancen in einem Bodenaufschluss wahrzunehmen, von denen der Dozent während der ersten Lehrveranstaltungen im Gelände sprach, wäre ein Beispiel für einen solchen, sich in einem Know-how niederschlagenden Wandel der Zeiten auf individueller Ebene.

30 Vgl. auch ZAHNEN, Geographischer Takt, wo ich derartige Einsichten mit einem „geographischen Takt" in Verbindung gebracht habe.

31 Der Unterschied zwischen den hier beispielhaft angegebenen außerwissenschaftlichen Erfahrungen und wissenschaftlichen Erfahrungen des eigenen Erfahrens (oder Verhaltens) liegt freilich darin, dass letztere weniger bis gar nicht durch pragmatische, konkret zweckgebundene Fragen beeinflusst sein können. Im ‚Extrem'fall (der selbst heute noch vorkommen mag) ist es ja sogar so, dass Wissenschaftler durch ein möglichst umfassendes Variieren von ‚Umständen' (und somit auch

durch eine Änderung ihres eigenen Verhaltens, und sei es durch das eigene Bewegen im Feld, vgl. ZAHNEN, Geographischer Takt) studieren, wie sich Naturverhältnisse verhalten, ohne dass sie dabei angeben könnten, welchen konkreten Zweck sie damit verfolgen, nämlich einfach, weil es sie interessiert. Sie lassen so von vorneherein einen größeren Spielraum zu, Naturgebilde in ihrer eigenen Seinsweise zu erfahren, als es in pragmatisch vorgezeichneten Kontexten der Fall ist. Entsprechend lässt sich so auch ein weiteres Spektrum dessen erfahren, wie sich die irdischen Naturgebilde in ihrer Qualität verändern können, oder anders gesagt: wie sich die Verhältnisse wandeln.

32 Ich beziehe mich auf folgende Stelle: „Aber da [...] das Menschengeschlecht in seinen Individuen wie in seinen Völkerschaften [...] seinem eignen Entwicklungsgange nach ethischen Gesetzen folgt, in seiner Individualität wie in seiner Totalität aber, so lange es auf Erden wandelt, in den bedingenden Conflict mit der fortschreitenden physischen Entwicklung seines Wohnortes, der Erde, als Planet, gestellt ist [...] " (158).

33 Womit ich nicht nur auf ein Geoengineering, sondern auch auf konstruktivistische Positionen anspielen möchte.

34 Und das heißt sicherlich auch: eine vom Deutschen Idealismus geprägte Sprache.

35 „Die Ausbildung des tellurischen Erdrings hat also ihre Endschaft, ihre Vollendung *noch* keineswegs erreicht" (174, Hervorhebung B.Z.).

36 Hans-Rudolf BORK, *Geographie im 21. Jahrhundert*, in: Rundbrief Geographie 205, 2007, 1.

37 Vgl. dazu, auch kritisch: Ulrich EISEL, *Moderne Geographie mit atavistischen Methoden. Über die undeutliche Wahrnehmung eines deutlichen Paradigmas*, in: U. EISEL, H.-D. SCHULTZ, *Klassische Geographie. Geschlossenes Paradigma oder variabler Denkstil? Eine Kritik von Ulrich Eisel und eine Replik von Hans-Dietrich Schultz*, in: Berliner Geographische Arbeiten 111, 2008, 1-37.

38 Wobei sich an der Bindung an eine solche *Fest*stellbarkeit auch im Falle von Beschreibungen von *Veränderungen* von Zeitpunkt zu Zeitpunkt nichts ändert. Dann geht es um eine Reihe von Feststellungen zu verschiedenen Zeitpunkten.

39 Weswegen es vielleicht auch nicht ganz unwichtig ist, zu betonen, dass ich die obigen Ausführungen zur physisch-geographischen Geländepraxis auf der Basis meiner eigenen praktischen Erfahrung als Physischer Geographin entwickeln konnte (vgl. auch: ZAHNEN, Geographischer Takt). Manche würden freilich trotz dieses Hintergrunds (und trotz des Hintergrunds möglicher eigener Erfahrungen) noch einen ‚objektiven Beweis‘ erwarten, statt sich von der *Trag*fähigkeit – oder Erschließungskraft – der entwickelten Gedanken ‚überzeugen‘, oder besser gesagt: mittragen zu lassen.

40 Jedenfalls keine andere ‚positive Wissenschaft‘ – was auch deswegen wichtig zu betonen ist, weil die Kern*gedanken* des Ritterschen Geographiekerns ja nicht in ihm selbst gekeimt und hervorgekommen sind, sondern er seinen Geographiekern der Herderschen Philosophie entlehnt hat.

41 Vgl. auch: „Indem beide [gemeint sind die Geographie und die Historie, B.Z.] zwar von überschaulichen positiven Einzelheiten des gleichzeitigen Nebeneinander, oder der Aufeinanderfolge des Nacheinander ausgehen, aber bald zu unüberschaulichen […] Verhältnissen übergehen, […] so sind beide […] auf die Combination und das Maaß des Gedankens angewiesen, und dieses zwingt auch diese positiven Wissenschaften zum philosophiren" (152).

42 „… was früherhin fern lag und unerreichbar, tritt nun näher in die Berührung, ja in den Bereich des täglichen Verkehrs" (160).

43 Vgl. auch Seite 161 der Ritterschen Abhandlung, wo Ritter hervorhebt, dass die „Räume der irdischen Welt" durch die Schifffahrt (oder andere Arten der für ihn „beseelten Bewegungen") „nicht nur einmal entdeckt oder blos berührt, sondern auf dauernde Weise erreicht" seien, so dass sie nun „in den Kreise des täglichen Lebens der Völker des Erdballs wirklich mit eingeflochten werden" könnten.

44 Man könnte auch von einem Berühren beziehungsweise Erreichen im Sinne einer Logik der Planetenstellen im Unterschied zu einem Berühren/Erreichen im Sinne einer Logik irdischer Lagen sprechen.

45 Vgl. hier auch die Ausführungen zur Unterscheidung zwischen Geschichte und Historie beziehungsweise Historio-

graphie in Kapitel 5 sowie Anmerkung 27 (der Anmerkungen zu Teil I).

46 Womit ich mich auf eine medienphilosophische Position beziehe, die in *allem* In-Verkehr- beziehungsweise In-Umlauf-Bringen ein ständiges Verändern und Bearbeiten der Welt sieht (wie etwa in Lorenz ENGELL und Bernhard SIEGERT, *Editorial*, in: Zeitschrift für Medien- und Kulturforschung 2, 2010, 5), dabei aber nicht nach der Möglichkeit eines genuin geschichtlichen Wandels fragt.

47 Vgl. Kapitel 6.

48 Vgl. Kapitel 4.

49 „Alle Menschen streben von Natur aus nach Wissen" (ARISTOTELES, Metaphysik, I. Buch A [21]).

50 Insofern kommt es vielleicht nicht von ungefähr, dass Ritter am Ende seines langen Plädoyers für die Integration des historischen Elements in die geographische Wissenschaft den *notwendigen* Charakter dieses historischen Elementes auf nun geradezu zaghaft anmutende Weise in Klammern setzt: „Alles Gesagte möchte wohl hinreichend scheinen, um die blos zufällige h i s t o r i s c h e B e i m i s c h u n g von dem h i s t o r i - s c h e n (nothwendigen) E l e m e n t e der geographischen Wissenschaft genau zu unterscheiden, welches nicht müßig, sondern gestaltend, überall als mitbedingender Grund der Erscheinungen auftritt" (181, Sperrung und Einklammerung im Original). Vielleicht hat Ritter gespürt, dass es noch mehr zu verstehen gegeben hätte.

51 Womit ich wieder auf den *aletheischen* Wahrheitsbegriff Bezug nehme.

52 So, dass die Geographie „aus der Beschreibung sich zum Gesetz für das Beschriebene [erhebe], […] zum Causalzusammenhange ihrer lokalen und allgemein tellurischen Erscheinungen" (156).

53 Wobei Ritter eine solche Sicht der Dinge nicht geteilt hätte – wie zum Beispiel da deutlich wird, wo er sich von Ansichten abgrenzt, nach denen „Geographie nichts mehr sey als ein nothwendiges Uebel, das *an sich* keinen Wert oder doch nur einen geringen habe, aber geduldet werden müsse, damit man in Gesellschaften, beim Zeitunglesen, auf Reisen und anderen ähnlichen Amüsements nicht gar zu linkisch und unwissend etc.

160

erscheine" (Carl RITTER, *Einige Bemerkungen bey Betrachtung des Handatlas über alle bekannte Länder des Erdbodens, herausgegeben von Herrn Professor Heusinger im Herbst 1809*, in: Neue Bibliothek für Pädagogik, Schulwesen und die gesammte neueste pädagogische Literatur Deutschlands, Band 1, 1-4. Stück, 1810, 310, Hervorhebung im Original, hier zitiert aus Hans-Dietrich SCHULTZ, *Das war / ist geographische Denken ..., Band 1: Textauszüge von 1728 bis 1859, ausgewählt und exzerpiert von H.-D. Schultz*, Berlin 2007 [Arbeitsberichte Geographisches Institut Humboldt-Universität zu Berlin 127], 72).

Hinsichtlich der Frage des Verhältnisses von Schulfach Geographie und universitärer Disziplin Geographie ist noch zu erwähnen, dass die in der zweiten Hälfte des 19. Jahrhundert stattfindende stärkere Verbreitung und institutionelle Etablierung des Fachs an den Universitäten (zumindest in Preußen) dadurch motiviert war, dort Ausbildungsstätten für Lehrer zu schaffen (freundl. mündl. Mitteilung von Hans-Dietrich Schultz), und dass bis heute eine mehr oder minder stillschweigende Einigkeit unter Hochschulgeographen darüber besteht, dass es hochschulpolitisch letztlich die Lehramtsausbildung an Geographischen Instituten ist, die die (nicht nur inhaltlich gemeinte) Auflösung selbiger Institute verhindert (auch wenn das aktuelle Interesse an sogenannten ,integrierenden' Fragestellungen, die sowohl Sozialwissenschaftliches als auch Naturwissenschaftliches berücksichtigen, der Geographie in dieser Hinsicht zugute kommen kann). Bork zum Beispiel nennt den Erdkundeunterricht an deutschen Schulen in einem an Fachkollegen gerichteten Editorial die „entscheidende Basis unseres Fachs" und erwähnt im gleichen Atemzug auch die anhaltende „Minimierung oder gar Schließung von Studiengängen und geographischen Ausbildungsstätten" an den Hochschulen (Hans-Rudolf BORK, *Geographie im 21. Jahrhundert*, in: Rundbrief Geographie 205, 2007, 1). Freilich gerät heute, zumindest in manchen Bundesländern, durch Streichung von Unterrichtsstunden oder Ähnliches auch das Schulfach Erdkunde in Bedrängnis, derzeit (im Jahr 2014) zum Beispiel in Bremen.

54 Anderenorts spreche ich in Zusammenhang mit derartigen Zäsuren auch von einem kairetischen Hier und Jetzt (ZAHNEN, Erdbewohner).

55 Wobei Vorgängigkeit hier nicht derart missverstanden werden darf, dass sie sich auf ein ‚Vorher‘ auf einer Achse von Zeitpunkten bezöge.

56 Vgl. dazu auch die Textsammlung in Hans-Dietrich SCHULTZ (Bearb.), *Das war / ist geographisches Denken*, 5 Bände, Berlin 2007 (Arbeitsberichte Geographisches Institut, Humboldt-Universität zu Berlin 127 bis 131).

57 Dass ich davon spreche, dass eine genuine Geographie immer weitere Möglichkeiten und Notwendigkeiten eines kritischen Erschließens *spür*bar werden lässt, gibt mir die Gelegenheit, in kritischer Weise auf eine frühere Arbeit zurückzukommen, in der ich versucht habe, die Frage des ‚Graphischen‘, der ‚Graphizität‘ der Physischen Geo*graphie* über den Begriff des *graphein* und diesbezügliche Zugänge von einerseits Derrida (Primat der Schrift) und andererseits Gadamer (Primat des Bildes) zu denken (Barbara ZAHNEN, Lesen, Zeitlichkeit und das Geographische der Physischen Geographie, in: Geographische Zeitschrift 95, Doppelheft 1 und 2, 2007, 72–90). In diesem Zusammenhang spielte die Gegenüberstellung von einerseits ‚Spuren‘, die sich verlieren (Primat der Schrift), und andererseits ‚Spuren‘, von denen man sich leiten lässt (Primat des Bildes), eine Rolle. Ich konnte zum Zeitpunkt der ‚Fertig‘stellung jener Arbeit noch nicht sehen, dass ein genuin geographischer Begriff der Graphizität in Bezug auf eine sich ständig neu anbahnende antizipative (Hin-)Bewegtheit zu denken ist, die immer wieder aufs Neue in trag- und zukunftsfähige Verhältnisse hineinträgt und hineintragen muss. Ich würde daher heute auch nicht mehr nur von *Spuren*, von denen man sich leiten lässt (um ins Bild zu kommen) sprechen, sondern eher von einem *immer weiter wachsenden* unausdrücklichen *Gespür*, das einerseits im Sinne einer Spürfähigkeit zu verstehen ist, andererseits und zugleich (als *Ge*-spür) aber auch im Sinne einer *unausdrücklichen Versammlung von Spuren*, die als immer eigens zu erlebende irdische Notwendigkeits*lagen* zusammenkommen und uns in sich selbst potenzierender Weise wieder *anfänglicher* und somit trag- und zukunftsfähiger werden lassen. In diesem Sinne würde ich heute auch meine Ausführungen zum *Eigensinn* der Geographie kritisch erweitern, denen die Einsicht in die antizipative, leitende

Struktur, die ‚Hin-Bewegtheit' der Geographie, noch fehlte (Barbara ZAHNEN, *Fragwürdigkeit und Eigensinn der Geographie*, in: Geographische Zeitschrift 93, 4, 2005, 201–220). Im *Vollzug* einer eigensinnigen Geographie geht es eben um Weisen, seinen *eigenen* (also auch eigentlichen, authentischen) guten Sinn zu haben *und* dabei (in Anlehnung an die Bedeutung von ‚Sinn' wie in ‚Uhrzeigersinn') zugleich auch vollzugsartig und antizipativ zu erfahren und beschreiben, wo es hingeht, oder besser: wo es hinzugehen not-*wendig* wäre (in Form einer genuin geschichtlichen Bewegung). Deswegen gehen einer genuinen, eigensinnig vollzogenen Geographie auch die Ideen nicht aus.

Teil II

1 Wobei sich in diesem ‚(So-)*Weit-Sein*' des Feldes der Geographie – wie im irdischen In-der-Lage-Sein – wieder Räumliches und Zeitliches unauflöslich miteinander verschränkt.

2 Können wir doch im Deutschen vom einem ‚Ganzen' auch im Sinne einer ‚Sache' oder ‚Angelegenheit' sprechen, zum Beispiel wenn gesagt wird: „Das Ganze hat mich lange beschäftigt."

3 Was ich auch in Anspielung auf Ritter sage, der in seiner Logik der Planetenstellen eine „Betrachtung des Ganzen [sucht], die uns allein das Maaß der Theile giebt" (158).

4 Dazu auch: ZAHNEN, Geographischer Takt.

5 Ich spiele hier natürlich auch auf einen durch Heidegger aufgedeckten Wesensbegriff an, der vollzugsartig zu verstehen ist.

6 Natürlich im Sinne des *Zur*-Darstellung-Kommens oder -Bringens, wie es gegen Ende von Kapitel 9 dargelegt wurde.

7 Von denen sich die derzeit vorherrschende ‚Physische Geographie' ja zurzeit kaum noch unterscheiden will beziehungsweise mit denen die Geographie ja ständig verkehrsmäßig in Berührung kommt.

8 Und das heißt auch: wie es für die moderne Konzeption eines Subjekts charakteristisch ist, dessen Welt in eine Vielzahl von ihm getrennter Objekte auseinanderfällt.

9 Im Prinzip habe ich in meinen bisherigen Arbeiten zur Physischen Geographie auch schon so gearbeitet (vgl. vor allem ZAHNEN, Geographischer Takt, und ZAHNEN, Bethinking), ohne dass ich dies damals schon hätte so benennen können.

10 Wie die der Geländeerkundung, die ja einen Wesenswandel immer mit berücksichtigen muss.

11 Vgl. die Ausführungen am Ende von Kapitel 4.

12 Im Folgenden werde ich mich meist auf die Formulierung ‚genuin kulturell' beschränken.

13 Wobei auch hier mit der Rede von ‚Wesensarten' wieder kein Essentialismus impliziert wird, weil es ja auch hier immer um *irdische – und* irdisch zu verstehende –, das heißt *an Begrenztheiten und Vergänglichkeiten gebundene* Seinsweisen respektive Wesensarten geht.

14 Wobei sich dieses Sorgetragen auch so beschreiben lässt, dass es darin besteht, dass in schreibender Weise ein *Feld* für genuin kulturelle irdische Praktiken bereitet wird. Dies ist auch insofern ein interessanter Aspekt, als sich dadurch an die lateinischen Wurzeln des Wortes ‚Kultur' anknüpfen lässt – bedeutete das lateinische *cultura* doch ursprünglich: ‚Pflege' oder ‚Bestellen' eines Ackers. Auch hier geht es um die Bereitung eines Feldes für etwas, das wachsen und fruchten mag.

15 Wobei dieses ‚Beispiel' natürlich nicht bloß ein Beispiel, sondern wiederum ein Vollzug ist.

16 Siehe den letzten Absatz von Kapitel 8.

17 Wie sich auch an meiner Diskussion physisch-geographischen Takts zeigt (ZAHNEN, Geographischer Takt), lässt sich doch ein taktvolles Verhalten nur auf der Basis sozialer Zusammenhänge verstehen.

18 Vor allem da, wo ihn die so eigentümliche Daseinsweise des „Erdsystems" (163) beschäftigt, welches „während seiner langen Zeitdauer als ein und dasselbe Rund unter den vollen Einfluß aller irdischen Gewalten [...] gestellt" (164) sei und welches daher – ganz anders als Lebewesen, die „lebendigen abgesonderten Organisationen" (163); ganz anders als die „Crystallform" (163); ganz anders die „andern Planeten seines Sonnensystems" (164) – *einerseits* „das eine und fortdauernde war und blieb" (163) und bleibt, *andererseits* aber – aufgrund seines historischen Elementes – auch einem historischen Wandel unterliege.

19 Wie in Zusammenhang damit deutlich wird, dass Ritter gegen
   Ende seiner Abhandlung betont, „wie irrig […] noch die Vorstellungen von unserem Sonnensysteme geblieben sein [würden],
   wenn wir dabei nur die *sich gleich bleibenden* Sonnenfernen und
   Planetenabstände, wie früher, ohne die Abweichungen der
   Keplerschen Gesetze und Newtonischen Atractionstheorien
   hätten beachten wollen" (180f., Hervorhebung B.Z.).

20 Womit ich auch wieder auf eine am Primat der Schrift orien-
   tierte Auffassung anspielen möchte, die die Graphizität der
   Geographie in Bezug auf Spuren, die sich *verlieren*, fasst, vgl.
   Anmerkung 57 der Anmerkungen zu Teil I.

21 Vgl. die Ausführungen am Ende von Teil I.

22 Wobei ich über Clark (Timothy CLARK, *Martin Heidegger*,
   London: Routledge 2002, 132) darauf gestoßen bin, dass
   Heidegger darauf hingewiesen hat, dass die übliche Über-
   setzung von *polis* als „Staat" oder „Stadtstaat" nicht den vollen
   Sinn des Wortes trifft, sondern dass es eher als „Geschichts-
   stätte" zu verstehen ist – als „das Da, in dem, aus dem und für
   das Geschichte geschieht" (Martin HEIDEGGER, *Einführung
   in die Metaphysik*, Frankfurt: Klostermann 1983 [Gesamt-
   ausgabe Band 40], 161).

   Dass das *Geo*-graphische auch einen genuin politischen
   Raum aufzuspannen vermag, das ist ein Gedanke, der eigentlich schon in einem meiner früheren Aufsätze (ZAHNEN, Erdbewohner) implizit angelegt ist, zumal ich dort anhand von
   sprachlichen Materialien von Astronauten gearbeitet habe, die
   sich im Weltall als ‚Erdenbürger' *er*lebten.

23 Womit ich auf Ricoeurs Unterscheidung zwischen Ethik und
   Moral anspiele, nach der das Moralische im Unterschied zum
   Ethischen „durch Normen, Verpflichtungen und Verbote gekennzeichnet ist, die sich zugleich durch einen Anspruch auf All-
   gemeingültigkeit und durch einen Effekt des Zwangs charakteri-
   sieren lassen" (Paul RICOEUR, *Ethik und Moral*, in: Paul
   RICOEUR, Vom Text zur Person, Hamburg: Meiner 2005, 251).

24 Zum vielschichtigen Sinn dieser Formulierung vgl. wiederum
   Kapitel 16.

25 Vgl. die Artikel „Ökonomie" sowie „–nom, -nomie" in
   Wolfgang PFEIFER, *Etymologisches Wörterbuch des Deutschen*, Koblenz: Edition Kramer 2012, 947 und 928.

26 Selbiges gilt natürlich auch für das ‚Territorium' beziehungsweise das ‚Wohnhaus' der Erde als Ganzes, welches in einer
‚Logik der Planetenstellen' (und der modernen Trennung
zwischen Subjekt und Objekt) dann sozusagen zu einer einzi-
gen Planetenstelle wird. Freilich kann dieses Wohnhaus auch
anders (neu) gelesen werden, wie ich in einem Essay
(ZAHNEN, Erdbewohner) zeige, wo ich von immer wieder
neu auszulotenden und immer wieder neu zu lebenden Wohnplätzen des Irdischen oder auch von ‚tragenden Wohnplätzen'
spreche (ebenda, 182). Im Grunde gilt für derart verstandene
Wohnplätze, was ich in Kapitel 13 des vorliegenden Buches
auch zu irdischen und geographischen Heimaten geschrieben
habe. Dass ich in dem erwähnten Essay auch von der ‚Zeit-
struktur des Verweilens' spreche (ebenda), ist daher vielleicht
etwas irreführend, weil es von dem neu erschließenden,
gestalterischen und somit dem entwerfenden und wegbereiten-
den und raumgebenden Wesenszug alles Geographischen ab-
lenkt. Aber man muss eben auch verweilen können, um überhaupt entwerfen, also aus diesem Verweilen heraus wieder
gestalterisch, wegbereitend und raumgebend sein zu können.

27 Wobei das Verb ‚hervortreten' nochmals den Vollzugs- oder
Geschehenscharakter dieser Individualitäten oder Erscheinungen unterstreicht.

28 Wobei auch die ‚harten' Naturwissenschaften in ihren Grund-
begriffen an die Grenzen einer strikten Definierbarkeit stoßen.

29 Ritter verwendet diese Formulierung als eine Analogie zur
Reifung von Früchten und im Zusammenhang einer Thematisierung von kulturellen Erscheinungen, die dem jeweiligen
„heimathlichem Himmel und Boden" (178) entwachsen.

30 „Die civil[i]sirte Menschheit entwindet sich nach und nach,
eben so wie der einzelne Mensch, den unmittelbar bedingenden
Fesselns der Natur und des Wohnortes" (165).

31 Wie meines Wissens vor allem in der Nachhaltigkeits-
forschung thematisiert wird, vgl. zum Beispiel Harald
WELZER, K. WIEGANDT (Hg.), Perspektiven einer nachhaltigen Entwicklung, Frankfurt/M 2011, 11.

32 Vgl. Dimitri GINEV, *Critique of Epistemological Reason*,
Sofia: Pensoft 2000 (Bulgarian Academic Monographs 5) 94–
99.

33 Wobei sich sowohl die wieder neuen Zugangsmöglichkeiten als auch (zugleich) die möglichen Missverständnisse, oder nur vermeintlichen Zugangsmöglichkeiten, im Fortgang des Textes gewissermaßen selbst ins Spiel bringen und – geleitet durch seine Sprache – in Hinblick auf eine Erhöhung der Trag- und Zukunftsfähigkeit (und somit auch größere Anfänglichkeit) ausgelotet und zur Darstellung gebracht werden.

34 „Denn um diejenige Wissenschaft sieht es schlimm aus, welche erst des Reizes der Uebertragung oder der Nutzanwendung aus anderen Wissenschaften bedarf; sie wird, wenn sie des eignen Keimes der Entfaltung ermangelt, auch andere Wissenschaften, oder das Leben selbst, nie befruchten oder berühren, und die todtgeborne wird auch leblos bleiben, und durch keinen täuschenden Anstrich lebendig machen" (156).

35 Von griechisch *ū* (*oὐ*) ‚nicht' und *tópos* ‚Ort, Stelle, Gegend, Land', also *Utopia* als eigentlich ‚Nirgendland'. Vgl. Art. ‚Utopie' in Wolfgang PFEIFER, *Etymologisches Wörterbuch des Deutschen*, Koblenz: Edition Kramer 2012, 1493.

36 Samt der in der Alltagssprache gefundenen Schlüsselstellen und der zentralen geographischen Begrifflichkeiten wie ‚Kulturgeographie', ‚Politische Geographie' et cetera.

37 Im Unterschied zu einem „Gang der Menschengeschichte" (164), wie er in einer Logik des Fortschritts, in Fixierung auf eine „Aufeinanderfolge des Nacheinander" (152) gedacht wird.

Literatur

ARISTOTELES, *Metaphysik, Schriften zur Ersten Philosophie*, übersetzt und herausgegeben von Franz F. Schwarz, Stuttgart: Philipp Reclam jun. 1970.

Hans-Rudolf BORK, *Geographie im 21. Jahrhundert*, Rundbrief Geographie 205, 1–2.

Timothy CLARK, *Martin Heidegger*, London: Routledge 2002.

Timothy CLARK, *The Poetics of Singularity. The Counter-Culturalist-Turn in Heidegger, Derrida, Blanchot and the later Gadamer*, Edinburgh: Edinburgh University Press 2005.

Heike EGNER, B. M. W. RATTER, R. DIKAU (Hg.), *Umwelt als System – System als Umwelt. Systemtheorien auf dem Prüfstand*, München: oekom 2008.

Ulrich EISEL, *Die Entwicklung der Anthropogeographie von einer „Raumwissenschaft" zur Gesellschaftswissenschaft*, Kassel 1980 (Urbs et Regio 17, Kasseler Schriften zur Geografie und Planung).

Ulrich EISEL, *Individualität als Einheit der konkreten Natur: Das Kulturkonzept der Geographie*, in: B. GLAESER, P. TEHERANI-KRÖNNER, (Hg.): *Humanökologie und Kulturökologie. Grundlagen, Ansätze, Praxis*, Opladen 1992, 107–151.

Ulrich EISEL, *Moderne Geographie mit atavistischen Methoden. Über die undeutliche Wahrnehmung ei-*

nes deutlichen Paradigmas, in: U. EISEL, H.-D. SCHULTZ, *Klassische Geographie. Geschlossenes Paradigma oder variabler Denkstil? Eine Kritik von Ulrich Eisel und eine Replik von Hans-Dietrich Schultz*, in: Berliner Geographische Arbeiten 111, 2008, 1–37.

Lorenz ENGELL, B. SIEGERT, *Editorial*, in: Zeitschrift für Medien- und Kulturforschung 2, 2010, 5–9.

Dimitri GINEV, *Essays in the Hermeneutics of Science*, Aldershot: Ashgate 1997.

Dimitri GINEV, *Critique of Epistemological Reason*, Sofia: Pensoft 2000 (Bulgarian Academic Monographs 5).

Dimitri GINEV, *Transformationen der Hermeneutik. Zum Dialog zwischen hermeneutischer Philosophie und wissenschaftlichen Forschungsprogrammen*, Würzburg: Königshausen & Neumann 2008.

Dimitri GINEV, *The Tenets of Cognitive Existentialism*, Ohio: Ohio University Press 2011.

Gerhard HARD, *Zu Begriff und Geschichte von „Natur" und „Landschaft" in der Geographie des 19. und 20. Jahrhunderts*, in: Gerhard HARD, *Landschaft und Raum. Aufsätze zur Theorie der Geographie*, Band 1, Osnabrück: Rasch 2002, 171–210.

Gerhard HARD, *Die „Natur" der Geographen*, in: U. LUIG, H.-D. SCHULTZ (Hg.), *Natur in der Moderne. Interdisziplinäre Ansichten*, Berlin 2002 (Berliner Geographische Arbeiten 93), 67–86.

Stephan HARRISON, D. MASSEY, K. RICHARDS, F. J. MAGILLIGAN, N. THRIFT, B. BENDER, *Thinking across the divide: perspectives on the conversations between physical and human geography*, in: Area 36, 4, 2004, 435–442.

Patrick A. HEELAN, *The Scope of Hermeneutics in Natural Science*, in: Studies in the History and Philosophy of Science 29, 2, 1998, 273–298.

Martin HEIDEGGER, *Einführung in die Metaphysik*, Frankfurt; Klostermann 1983 (Gesamtausgabe Band 40).

Martin HEIDEGGER, *Was heißt Denken?* Stuttgart, Reclam 1992 (zuerst 1984).

Martin HEIDEGGER, *Zur Auslegung von Nietzsches II. Unzeitgemäßer Betrachtung „Vom Nutzen und Nachteil der Historie für das Leben"*, Frankfurt a.M., Klostermann 2003 (Gesamtausgabe Band 46).

Günter HEINRITZ (Hg.), *„Integrative Ansätze in der Geographie – Vorbild oder Trugbild. Münchner Symposium zur Zukunft der Geographie, 28. April 2003. Eine Dokumentation*, Passau: L.I.S. 2003 (Münchner Geographische Hefte 85).

Patrick HOSTERT, *Nachhaltigkeit als Thema der Geographie,* Vortrag an der Humboldt-Universität Berlin am 6. Mai 2009, http://www.pik-potsdam.de /research/climate-impacts-and-vulnerabilities/ publications/antrittsvorlesung-w.lucht/vortrag_ hostert.pdf (letzter Abruf 29. Juni 2013).

Nikolas KOMPRIDIS, *Disclosing Possibility: The Past and Future of Critical Theory*, in: International Journal of Philosophical Studies 13, 3, 2005, 325–351.

Manfred MEURER, J. BÄHR, *Geographie – ein Fach im Wandel*, in: Forschung und Lehre 8, 2001, 540–543.

Detlef MÜLLER-Mahn, U. WARDENGA (Hg.), *Möglichkeiten und Grenzen integrativer Forschungsansätze in Physischer Geographie und Humangeographie*, Leipzig 2005 (forum ifl 2).

171

Wolfgang PFEIFER, *Art. „–nom, -nomie"*, in: Etymologisches Wörterbuch des Deutschen, Koblenz: Edition Kramer 2012, 928.

Wolfgang PFEIFER, *Art. „Ökonomie"*, in: Etymologisches Wörterbuch des Deutschen. Koblenz: Edition Kramer 2012, 947.

Wolfgang PFEIFER, *Art. „Utopie"*, in: Etymologisches Wörterbuch des Deutschen, Koblenz: Edition Kramer 2012, 1493.

Maximilian POPP, *Wenn Katrina kommt*, in: Die Zeit 25, 14. Juni 2006.

Paul RICOEUR, *Ethik und Moral*, in: Paul RICOEUR, *Vom Text zur Person*, Hamburg: Meiner 2005 (zuerst 1990), 251–267.

Carl RITTER, *Einige Bemerkungen bey Betrachtung des Handatlas über alle bekannte Länder des Erdbodens, herausgegeben von Herrn Professor Heusinger im Herbst 1809*, in: Neue Bibliothek für Pädagogik, Schulwesen und die gesammte neueste pädagogische Literatur Deutschlands, Band 1, 1-4. Stück, 1810, 298–313.

Carl RITTER, *Ueber das historische Element in der geographischen Wissenschaft*, in: Carl RITTER, *Einleitung zur allgemeinen vergleichenden Geographie, und Abhandlungen zur Begründung einer mehr wissenschaftlichen Behandlung der Erdkunde*, Berlin: Reimer 1852, 152–181.

Gregor SCHIEMANN, *Natur – Kultur und ihr Anderes*, in F. JAEGER, B. LIEBSCH (Hg.), *Handbuch der Kulturwissenschaften* Band 1, Grundlagen und Schlüsselbegriffe. Stuttgart: Metzler, 60–75.

Hans-Dietrich SCHULTZ, *Das war / ist geographisches Denken ..., Bd. 1: Textauszüge von 1728 bis*

1859, ausgewählt und exzerpiert von H.-D. Schultz, Berlin 2007 (Arbeitsberichte Geographisches Institut Humboldt-Universität zu Berlin 127).

Hans-Dietrich SCHULTZ, *Das war / ist geographisches Denken,* 5 Bände, Berlin 2007 (Arbeitsberichte Geographisches Institut Humboldt-Universität zu Berlin 127 bis 131).

Ute WARDENGA, P. WEICHHART, *Sozialökologische Interaktionsmodelle und Systemtheorien – Ansätze einer theoretischen Begründung integrativer Projekte in der Geographie?,* in: Mitteilungen der Österreichischen Geographischen Gesellschaft 148, 2006, 9–31.

Peter WEICHHART, *Physische Geographie und Humangeographie – eine schwierige Beziehung. Skeptische Anmerkungen zu einer Grundfrage der Geographie und zum Münchner Projekt einer „Integrativen Umweltwissenschaft",* in: G. HEINRITZ (Hg.): *„Integrative Ansätze in der Geographie – Vorbild oder Trugbild?" Münchner Symposium zur Zukunft der Geographie, 28. April 2003. Eine Dokumentation,* Passau 2003 (Münchner Geographische Hefte 85), 17–34.

Harald WELZER, K. WIEGANDT (Hg.), *Perspektiven einer nachhaltigen Entwicklung,* Frankfurt/M: Fischer 2011.

Barbara ZAHNEN, *Anwendende Klimatologie zwischen Daten und Deutung, Alltagswelt und Klimaphysik. Überlegungen entwickelt am Beispiel einer stadtklimatologischen Studie des Flugfelds Berlin-Tempelhof,* Berlin: Mensch & Buch Verlag, 2003.

Barbara ZAHNEN, *Fragwürdigkeit und Eigensinn der Geographie,* in: Geographische Zeitschrift 93, 4, 2005, 201–220.

Barbara ZAHNEN, *Lesen, Zeitlichkeit und das Geographische der Physischen Geographie*, in: Geographische Zeitschrift 95, Doppelheft 1 und 2, 2007, 72–90.

Barbara ZAHNEN, *Vollzug und Sprache Physischer Geographie und die Frage geographischen Takts*, in: Social Geography 6, 2011, 47–61.

Barbara ZAHNEN, *Geographievergessenheit*, in: Divinatio - Studia Culturologica Series 34, 2011, 199–228.

Barbara ZAHNEN, „*Kollektiv Erdbewohner. Das geographische Wir*, in: Zeitschrift für Medien- und Kulturforschung 2, 2012, 167–184.

Barbara ZAHNEN, *Bethinking oneself of the risk of (physical) geography*, in: D. MÜLLER-Mahn (Hg.): *The spatial dimension of risk. How geography shapes the emergence of riskscapes*, London: Earthscan from Routledge 2013, 172–188.